# INDISCHES KOCHBUCH 2022

## INDISCHE REZEPTE FÜR ANFÄNGER

JULIA MAYER

# Inhaltsverzeichnis

Gemüse-Pastetchen .................................................................................... 17
    Zutaten ..................................................................................................... 17
    Methode ................................................................................................... 18
Gekeimte Bohnen Bhel ............................................................................... 19
    Zutaten ..................................................................................................... 19
    Für die Garnitur: ....................................................................................... 19
    Methode ................................................................................................... 20
Aloo Kachori ............................................................................................... 21
    Zutaten ..................................................................................................... 21
    Methode ................................................................................................... 21
Diät-Dosa .................................................................................................... 23
    Zutaten ..................................................................................................... 23
    Methode ................................................................................................... 23
Nutri Roll .................................................................................................... 25
    Zutaten ..................................................................................................... 25
    Methode ................................................................................................... 26
Sabudana Palak Doodhi Uttapam ............................................................... 27
    Zutaten ..................................................................................................... 27
    Methode ................................................................................................... 28
Poha ........................................................................................................... 29
    Zutaten ..................................................................................................... 29
    Methode ................................................................................................... 30
Gemüsekotelett .......................................................................................... 31

- Zutaten .................................................. 31
- Methode ................................................. 32
- Sojabohne Uppit ........................................ 33
  - Zutaten .............................................. 33
  - Methode ............................................. 34
- Upma ..................................................... 35
  - Zutaten .............................................. 35
  - Methode ............................................. 36
- Fadennudeln Upma .................................... 37
  - Zutaten .............................................. 37
  - Methode ............................................. 38
- Bonda .................................................... 39
  - Zutaten .............................................. 39
  - Methode ............................................. 40
- Instant-Dhokla ......................................... 41
  - Zutaten .............................................. 41
  - Methode ............................................. 42
- Dhal Maharani .......................................... 43
  - Zutaten .............................................. 43
  - Methode ............................................. 44
- Milagu Kuzhambu ...................................... 45
  - Zutaten .............................................. 45
  - Methode ............................................. 46
- Dhal Hariyali ............................................ 47
  - Zutaten .............................................. 47
  - Methode ............................................. 48
- Dhalcha .................................................. 49

| | |
|---|---:|
| Zutaten | 49 |
| Methode | 50 |
| **Tarkari Dhalcha** | **51** |
| Zutaten | 51 |
| Methode | 52 |
| **Dhokar Dhalna** | **53** |
| Zutaten | 53 |
| Methode | 54 |
| **Varan** | **55** |
| Zutaten | 55 |
| Methode | 55 |
| **Süßes Dhal** | **56** |
| Zutaten | 56 |
| Methode | 57 |
| **Süß-sauer Dhal** | **58** |
| Zutaten | 58 |
| Methode | 59 |
| **Mung-ni-Dhal** | **60** |
| Zutaten | 60 |
| Methode | 61 |
| **Dhal mit Zwiebel & Kokosnuss** | **62** |
| Zutaten | 62 |
| Methode | 63 |
| **Dahi Kadhi** | **64** |
| Zutaten | 64 |
| Methode | 65 |
| **Spinat Dhal** | **66** |

| | |
|---|---|
| Zutaten | 66 |
| Methode | 67 |
| Tawker Dhal | 68 |
| Zutaten | 68 |
| Methode | 69 |
| Einfaches Dhal | 70 |
| Zutaten | 70 |
| Methode | 71 |
| Maa-ki-Dhal | 72 |
| Zutaten | 72 |
| Methode | 73 |
| Dhansak | 74 |
| Zutaten | 74 |
| Für die Dhal-Mischung: | 74 |
| Methode | 75 |
| Masoor Dhal | 76 |
| Zutaten | 76 |
| Methode | 76 |
| Panchemel Dhal | 77 |
| Zutaten | 77 |
| Methode | 78 |
| Cholar Dhal | 79 |
| Zutaten | 79 |
| Methode | 80 |
| Dilpasand Dhal | 81 |
| Zutaten | 81 |
| Methode | 82 |

Dhal Masoor ............................................................................................ 83

    Zutaten ............................................................................................ 83

    Methode .......................................................................................... 84

Dhal mit Aubergine ............................................................................. 85

    Zutaten ............................................................................................ 85

    Methode .......................................................................................... 86

Gelber Dhal Tadka ............................................................................... 87

    Zutaten ............................................................................................ 87

    Methode .......................................................................................... 87

Rasam ................................................................................................... 88

    Zutaten ............................................................................................ 88

    Für die Gewürzmischung: ............................................................... 88

    Methode .......................................................................................... 89

Einfaches Mung Dhal .......................................................................... 90

    Zutaten ............................................................................................ 90

    Methode .......................................................................................... 90

Ganzer grüner Mung ........................................................................... 91

    Zutaten ............................................................................................ 91

    Methode .......................................................................................... 92

Dahi Kadhi mit Pakoras ....................................................................... 93

    Zutaten ............................................................................................ 93

    Für den Kadhi: ................................................................................. 93

    Methode .......................................................................................... 94

Süße unreife Mango Dhal ................................................................... 95

    Zutaten ............................................................................................ 95

    Methode .......................................................................................... 96

Malai Dhal ............................................................................................ 97

- Zutaten ...................................................................................................... 97
  - Methode ................................................................................................... 98
- Sambhar ...................................................................................................... 99
  - Zutaten ...................................................................................................... 99
  - Für die Würze: .......................................................................................... 99
  - Methode .................................................................................................. 100
- Drei Dhals ................................................................................................. 101
  - Zutaten .................................................................................................... 101
  - Methode .................................................................................................. 102
- Methi-Drumstick Sambhar ...................................................................... 103
  - Zutaten .................................................................................................... 103
  - Methode .................................................................................................. 104
- Dhal Shorba .............................................................................................. 105
  - Zutaten .................................................................................................... 105
  - Methode .................................................................................................. 105
- Lecker Mung ............................................................................................. 107
  - Zutaten .................................................................................................... 107
  - Methode .................................................................................................. 108
- Masala Toor Dhal ..................................................................................... 109
  - Zutaten .................................................................................................... 109
  - Methode .................................................................................................. 110
- Trockener gelber Mung Dhal .................................................................. 111
  - Zutaten .................................................................................................... 111
  - Methode .................................................................................................. 111
- Ganze Urad ............................................................................................... 112
  - Zutaten .................................................................................................... 112
  - Methode .................................................................................................. 113

Dhal Fry .................................................................................................. 114
    Zutaten ............................................................................................ 114
    Methode .......................................................................................... 115
Zunka ...................................................................................................... 116
    Zutaten ............................................................................................ 116
    Methode .......................................................................................... 116
Rübencurry ........................................................................................... 118
    Zutaten ............................................................................................ 118
    Methode .......................................................................................... 119
Chhaner Dhalna ................................................................................... 120
    Zutaten ............................................................................................ 120
    Methode .......................................................................................... 121
Mais mit Kokos .................................................................................... 122
    Zutaten ............................................................................................ 122
    Für die Kokospaste: ....................................................................... 122
    Methode .......................................................................................... 123
Grüner Pfeffer mit Kartoffel .............................................................. 124
    Zutaten ............................................................................................ 124
    Methode .......................................................................................... 125
Pikante Erbsen mit Kartoffeln ........................................................... 126
    Zutaten ............................................................................................ 126
    Methode .......................................................................................... 127
Sautierten Pilzen .................................................................................. 128
    Zutaten ............................................................................................ 128
    Methode .......................................................................................... 128
Würziger Pilz mit Babymais ............................................................... 129
    Zutaten ............................................................................................ 129

- Methode .................................................................................... 130
- Trockener würziger Blumenkohl ........................................................ 131
  - Zutaten ................................................................................. 131
  - Methode .............................................................................. 132
- Pilzcurry ...................................................................................... 133
  - Zutaten ................................................................................. 133
  - Methode .............................................................................. 134
- Baingan Bharta ............................................................................ 135
  - Zutaten ................................................................................. 135
  - Methode .............................................................................. 136
- Gemüse Hyderabadi ..................................................................... 137
  - Zutaten ................................................................................. 137
  - Für die Gewürzmischung: ....................................................... 137
  - Methode .............................................................................. 138
- Kaddu Bhaji* ............................................................................... 139
  - Zutaten ................................................................................. 139
  - Methode .............................................................................. 140
- Muthia nu Shak ........................................................................... 141
  - Zutaten ................................................................................. 141
  - Methode .............................................................................. 142
- Kürbis Koot ................................................................................. 143
  - Zutaten ................................................................................. 143
  - Methode .............................................................................. 144
- Rassa .......................................................................................... 145
  - Zutaten ................................................................................. 145
  - Methode .............................................................................. 146
- Doodhi Manpasand ..................................................................... 147

Zutaten .................................................................................................. 147

Methode ............................................................................................... 148

Tomaten Chokha ........................................................................................ 149

Zutaten .................................................................................................. 149

Methode ............................................................................................... 149

Baingan Chokha ........................................................................................ 150

Zutaten .................................................................................................. 150

Methode ............................................................................................... 150

Blumenkohl-Erbsen-Curry ........................................................................ 152

Zutaten .................................................................................................. 152

Methode ............................................................................................... 152

Aloo Methi ki Sabzi ................................................................................... 153

Zutaten .................................................................................................. 153

Methode ............................................................................................... 153

Süß-sauer Karela ...................................................................................... 154

Zutaten .................................................................................................. 154

Methode ............................................................................................... 155

Karela Koshimbir ...................................................................................... 156

Zutaten .................................................................................................. 156

Methode ............................................................................................... 156

Karela Curry .............................................................................................. 158

Zutaten .................................................................................................. 158

Methode ............................................................................................... 159

Chili Blumenkohl ...................................................................................... 160

Zutaten .................................................................................................. 160

Methode ............................................................................................... 160

Nussiges Curry ......................................................................................... 161

- Zutaten .................................................................................................. 161
- Methode ................................................................................................ 162
- Daikon verlässt Bhaaji ................................................................................ 163
  - Zutaten .............................................................................................. 163
  - Methode ............................................................................................ 163
- Chole Aloo ................................................................................................ 164
  - Zutaten .............................................................................................. 164
  - Methode ............................................................................................ 165
- Erdnuss-Curry ............................................................................................ 166
  - Zutaten .............................................................................................. 166
  - Methode ............................................................................................ 167
- Französische Bohnen Upkari ...................................................................... 168
  - Zutaten .............................................................................................. 168
  - Methode ............................................................................................ 168
- Karatey Ambadey ...................................................................................... 169
  - Zutaten .............................................................................................. 169
  - Methode ............................................................................................ 170
- Kadhai Paneer ........................................................................................... 171
  - Zutaten .............................................................................................. 171
  - Methode ............................................................................................ 171
- Kathirikkai Vangi ....................................................................................... 172
  - Zutaten .............................................................................................. 172
  - Methode ............................................................................................ 173
- Pitla ........................................................................................................... 174
  - Zutaten .............................................................................................. 174
  - Methode ............................................................................................ 175
- Blumenkohl Masala ................................................................................... 176

| | |
|---|---|
| Zutaten | 176 |
| Für die Soße: | 176 |
| Methode | 177 |
| Shukna Kacha Pepe | 178 |
| Zutaten | 178 |
| Methode | 179 |
| Trockene Okra | 180 |
| Zutaten | 180 |
| Methode | 180 |
| Moghlai Blumenkohl | 181 |
| Zutaten | 181 |
| Methode | 181 |
| Bhapa Shorshe Baingan | 182 |
| Zutaten | 182 |
| Methode | 183 |
| Gebackenes Gemüse in pikanter Sauce | 184 |
| Zutaten | 184 |
| Methode | 185 |
| Leckerer Tofu | 186 |
| Zutaten | 186 |
| Methode | 186 |
| Aloo Baingan | 187 |
| Zutaten | 187 |
| Methode | 188 |
| Zuckerschoten-Curry | 189 |
| Zutaten | 189 |
| Methode | 189 |

Kartoffel-Kürbis-Curry .................................................................................. 191
    Zutaten ................................................................................................ 191
    Methode ............................................................................................. 192
Ei Thoran ...................................................................................................... 193
    Zutaten ................................................................................................ 193
    Methode ............................................................................................. 194
Baingan Lajawab ........................................................................................ 195
    Zutaten ................................................................................................ 195
    Methode ............................................................................................. 196
Gemüse Bahar ............................................................................................ 197
    Zutaten ................................................................................................ 197
    Methode ............................................................................................. 198
Gefülltes Gemüse ....................................................................................... 199
    Zutaten ................................................................................................ 199
    Für die Füllung: ................................................................................... 199
    Methode ............................................................................................. 200
Singhi Aloo .................................................................................................. 201
    Zutaten ................................................................................................ 201
    Methode ............................................................................................. 201
Sindhi-Curry ................................................................................................ 203
    Zutaten ................................................................................................ 203
    Methode ............................................................................................. 204
Gulnar Köfta ................................................................................................ 205
    Zutaten ................................................................................................ 205
    Für die Gewürzmischung: ................................................................. 205
    Methode ............................................................................................. 206
Paneer Korma ............................................................................................. 207

| | |
|---|---|
| Zutaten | 207 |
| Methode | 208 |
| Chutney-Kartoffeln | 209 |
| Zutaten | 209 |
| Methode | 210 |
| Lobia | 211 |
| Zutaten | 211 |
| Methode | 212 |
| Khatta Meetha Gemüse | 213 |
| Zutaten | 213 |
| Methode | 214 |
| Dahiwale Chhole | 215 |
| Zutaten | 215 |
| Methode | 216 |
| Teekha Papad Bhaji* | 217 |
| Zutaten | 217 |
| Methode | 217 |

# Gemüse-Pastetchen

**Macht 12**

## Zutaten

2 EL Pfeilwurzelpulver

4-5 große Kartoffeln, gekocht und gerieben

1 EL raffiniertes Pflanzenöl plus extra zum Braten

125 g Besan*

25g frische Kokosnuss, gerieben

4-5 Cashewnüsse

3-4 Rosinen

125 g gefrorene Erbsen, gekocht

2 TL getrocknete Granatapfelkerne

2 TL grob gemahlener Koriander

1 TL Fenchelsamen

½ TL gemahlener schwarzer Pfeffer

½ TL Chilipulver

1 TL Amchor*

½ TL Steinsalz

Salz nach Geschmack

**Methode**

- Pfeilwurz, Kartoffeln und 1 EL Öl verkneten. Beiseite legen.

- Für die Füllung die restlichen Zutaten außer dem Öl vermischen.

- Den Kartoffelteig in runde Frikadellen teilen. Einen Löffel der Füllung in die Mitte jedes Pattys geben. Verschließen Sie sie wie einen Beutel und drücken Sie sie flach.

- Restliches Öl in einem Topf erhitzen. Die Frikadellen bei schwacher Hitze goldbraun braten. Heiß servieren.

# Gekeimte Bohnen Bhel

*(herzhafter Snack mit gekeimten Bohnen)*

Für 4

## Zutaten

100 g gekeimte Mungobohnen, gekocht

250g Kaala-Chanach*, gekocht

3 große Kartoffeln, gekocht und gehackt

2 große Tomaten, fein gehackt

1 mittelgroße Zwiebel, gehackt

Salz nach Geschmack

## Für die Garnitur:

2 EL Minz-Chutney

2 EL scharfes und süßes Mango-Chutney

4-5 EL Joghurt

100 g Kartoffelchips, zerdrückt

10 g Korianderblätter, gehackt

**Methode**

- Alle Zutaten bis auf die Garnitur-Zutaten miteinander vermischen.
- In der Reihenfolge der Zutaten garnieren. Sofort servieren.

# Aloo Kachori

*(Gebratener Kartoffelknödel)*

Macht 15

## Zutaten

350g Vollkornmehl

1 EL raffiniertes Pflanzenöl plus extra zum Frittieren

1 TL Ajowansamen

Salz nach Geschmack

5 Kartoffeln, gekocht und püriert

2 TL Chilipulver

1 EL Korianderblätter, gehackt

## Methode

- Mehl, 1 EL Öl, Ajowansamen und Salz verkneten. In limettengroße Kugeln teilen. Jeden zwischen den Handflächen flach drücken und beiseite stellen.
- Kartoffeln, Chilipulver, Korianderblätter und etwas Salz mischen.
- Eine Portion dieser Mischung in die Mitte jedes Pattys geben. Durch Zusammendrücken der Ränder versiegeln.

- Öl in einer Pfanne erhitzen. Die Kachoris bei mittlerer Hitze goldbraun frittieren. Abgießen und heiß servieren.

# Diät-Dosa

*(Diät-Crpe)*

**Macht 12**

## Zutaten

300 g Mung-Dhal*, eingeweicht in 250ml/8fl oz Wasser für 3-4 Stunden

3-4 grüne Chilis

2,5 cm Ingwerwurzel

100 g Grieß

1 EL Sauerrahm

50 g Korianderblätter, gehackt

6 Curryblätter

Raffiniertes Pflanzenöl zum Einfetten

Salz nach Geschmack

## Methode

- Mischen Sie das Dhal mit den grünen Chilis und dem Ingwer. Zusammen schleifen.
- Grieß und Sauerrahm zugeben. Gut mischen. Korianderblätter, Curryblätter und so viel Wasser hinzufügen, dass ein dicker Teig entsteht.

- Eine flache Pfanne einfetten und erhitzen. 2 EL Teig darauf geben und mit der Rückseite eines Löffels verteilen. 3 Minuten bei schwacher Hitze kochen. Umdrehen und wiederholen.
- Für den restlichen Teig wiederholen. Heiß servieren.

# Nutri Roll

**Macht 8-10**

## Zutaten

200 g Spinat, fein gehackt

1 Karotte, fein gehackt

125 g gefrorene Erbsen

50 g gekeimte Mungobohnen

3-4 große Kartoffeln, gekocht und püriert

2 große Zwiebeln, fein gehackt

½ TL Ingwerpaste

½ TL Knoblauchpaste

1 grüne Chili, fein gehackt

½ TL Amchoor*

Salz nach Geschmack

½ TL Chilipulver

3 EL Korianderblätter, fein gehackt

Raffiniertes Pflanzenöl zum flachen Braten

8-10 Chapattis

2 EL scharfes und süßes Mango-Chutney

**Methode**

- Spinat, Karotten, Erbsen und Mungobohnen zusammen dämpfen.
- Das gedünstete Gemüse mit den Kartoffeln, Zwiebeln, Ingwerpaste, Knoblauchpaste, grünem Chili, Amchoor, Salz, Chilipulver und Korianderblättern mischen. Gut durchkneten, um eine glatte Mischung zu erhalten.
- Aus der Masse kleine Schnitzel formen.
- Das Öl in einem Topf erhitzen. Die Schnitzel bei mittlerer Hitze goldbraun braten. Abgießen und beiseite stellen.
- Etwas heißes und süßes Mango-Chutney auf einem Chapatti verteilen. Ein Schnitzel in die Mitte legen und die Chapatti aufrollen.
- Wiederholen Sie dies für alle Chapatis. Heiß servieren.

# Sabudana Palak Doodhi Uttapam

*(Sago, Spinat und Flaschenkürbis-Pfannkuchen)*

**Macht 20**

## Zutaten

- 1 TL Tordhal*
- 1 TL Mung-Dhal*
- 1 TL Uradbohnen*
- 1 TL Masoor Dhal*
- 3 TL Reis
- 100 g Sago, grob gemahlen
- 50 g Spinat, gedämpft und gemahlen
- ¼ Flaschenkürbis*, gerieben
- 125 g Besan*
- ½ TL gemahlener Kreuzkümmel
- 1 TL Minzblätter, fein gehackt
- 1 grüne Chili, fein gehackt
- ½ TL Ingwerpaste
- Salz nach Geschmack
- 100ml/3½fl oz Wasser

Raffiniertes Pflanzenöl zum Braten

**Methode**

- Mahlen Sie Torr Dhal, Mung Dhal, Urad Bohnen, Masoor Dhal und Reis zusammen. Beiseite legen.
- Den Sago 3-5 Minuten einweichen. Vollständig abtropfen lassen.
- Mit der gemahlenen Dhal-Reis-Mischung mischen.
- Fügen Sie Spinat, Flaschenkürbis, Besan, gemahlenen Kreuzkümmel, Minzblätter, grüne Chili, Ingwerpaste, Salz und so viel Wasser hinzu, dass ein dicker Teig entsteht. 30 Minuten beiseite stellen.
- Eine Bratpfanne einfetten und erhitzen. 1 EL Teig in die Pfanne geben und mit der Rückseite eines Löffels verteilen.
- Abdecken und bei mittlerer Hitze braten, bis die Unterseite hellbraun ist. Umdrehen und wiederholen.
- Für den restlichen Teig wiederholen. Heiß servieren mit Tomatenketchup oder grünem Kokos-Chutney

# Poha

Für 4

## Zutaten

150g/5½oz Poha*

1½ EL raffiniertes Pflanzenöl

½ TL Kreuzkümmelsamen

½ TL Senfkörner

1 große Kartoffel, fein gehackt

2 große Zwiebeln, fein geschnitten

5-6 grüne Chilis, fein gehackt

8 Curryblätter, grob gehackt

¼ TL Kurkuma

45 g geröstete Erdnüsse (optional)

25g/knapp 1oz frische Kokosnuss, gerieben oder geschabt

10 g Korianderblätter, fein gehackt

1 TL Zitronensaft

Salz nach Geschmack

**Methode**

- Poha gut waschen. Lassen Sie das Wasser vollständig ab und stellen Sie das Poha für 15 Minuten in einem Sieb beiseite.
- Lösen Sie die Poha-Klumpen vorsichtig mit den Fingern. Beiseite legen.
- Das Öl in einem Topf erhitzen. Kreuzkümmel und Senfkörner hinzufügen. Lassen Sie sie 15 Sekunden lang stottern.
- Die gehackten Kartoffeln dazugeben. Bei mittlerer Hitze 2-3 Minuten braten. Zwiebeln, grüne Chilis, Curryblätter und Kurkuma hinzufügen. Kochen, bis die Zwiebeln glasig sind. Von der Hitze nehmen.
- Poha, geröstete Erdnüsse und die Hälfte der geriebenen Kokos- und Korianderblätter hinzufügen. Toss, um gründlich zu mischen.
- Zitronensaft und Salz beträufeln. Bei schwacher Hitze 4-5 Minuten kochen.
- Mit den restlichen Kokos- und Korianderblättern garnieren. Heiß servieren.

# Gemüsekotelett

**Macht 10-12**

## Zutaten

2 Zwiebeln, fein gehackt

5 Knoblauchzehen

¼ TL Fenchelsamen

2-3 grüne Chilis

10 g Korianderblätter, fein gehackt

2 große Karotten, fein gehackt

1 große Kartoffel, fein gehackt

1 kleine Rote Bete, fein gehackt

50 g französische Bohnen, fein gehackt

50 g grüne Erbsen

900ml/1½ Pints Wasser

Salz nach Geschmack

¼ TL Kurkuma

2-3 EL Besan*

1 EL raffiniertes Pflanzenöl plus extra zum Frittieren

50 g Semmelbrösel

**Methode**

- 1 Zwiebel, Knoblauch, Fenchelsamen, grüne Chilis und Korianderblätter zu einer glatten Paste mahlen. Beiseite legen.
- Möhren, Kartoffeln, Rote Beete, Bohnen und Erbsen in einem Topf vermischen. Fügen Sie 500 ml Wasser, Salz und Kurkuma hinzu und kochen Sie bei mittlerer Hitze, bis das Gemüse weich ist.
- Das Gemüse gründlich zerdrücken und beiseite stellen.
- Besan und restliches Wasser zu einem glatten Teig verrühren. Beiseite legen.
- 1 EL Öl in einem Topf erhitzen. Restliche Zwiebel dazugeben und glasig braten.
- Zwiebel-Knoblauch-Paste dazugeben und bei mittlerer Hitze eine Minute unter ständigem Rühren anbraten.
- Das pürierte Gemüse dazugeben und gründlich mischen.
- Vom Herd nehmen und zum Abkühlen beiseite stellen.
- Teilen Sie diese Mischung in 10-12 Kugeln. Zwischen den Handflächen flach drücken, um Patties zu machen.
- Die Patties in den Teig tauchen und in den Semmelbröseln wälzen.
- Öl in einer Pfanne erhitzen. Die Frikadellen auf beiden Seiten goldbraun braten.
- Heiß mit Ketchup servieren.

# Sojabohne Uppit

*(Sojabohnen-Snack)*

Für 4

## Zutaten

1½ EL raffiniertes Pflanzenöl

½ TL Senfkörner

2 grüne Chilis, fein gehackt

2 rote Chilis, fein gehackt

Prise Asafoetida

1 große Zwiebel, fein gehackt

2,5 cm Ingwerwurzel, Julienned

10 Knoblauchzehen, fein gehackt

6 Curryblätter

100 g Sojabohnengrieß*, trocken geröstet

100 g Grieß, trocken geröstet

200 g Erbsen

500 ml heißes Wasser

¼ TL Kurkuma

1 TL Zucker

1 TL Salz

1 große Tomate, fein gehackt

2 EL Korianderblätter, fein gehackt

15 Rosinen

10 Cashewnüsse

**Methode**

- Das Öl in einem Topf erhitzen. Fügen Sie die Senfkörner hinzu. Lassen Sie sie 15 Sekunden lang stottern.
- Fügen Sie die grünen Chilis, roten Chilis, Asafoetida, Zwiebel, Ingwer, Knoblauch und Curryblätter hinzu. Bei mittlerer Hitze 3-4 Minuten braten, dabei häufig umrühren.
- Sojagrieß, Grieß und Erbsen zugeben. Kochen, bis beide Grießsorten goldbraun sind.
- Fügen Sie das heiße Wasser, Kurkuma, Zucker und Salz hinzu. Bei mittlerer Hitze kochen, bis das Wasser vertrocknet.
- Mit Tomaten, Korianderblättern, Rosinen und Cashewnüssen garnieren.
- Heiß servieren.

# Upma

*(Grieß-Frühstücksgericht)*

**Für 4**

## Zutaten

1 EL Ghee

150 g Grieß

1 EL raffiniertes Pflanzenöl

¼ TL Senfkörner

1 TL Urad Dhal*

3 grüne Chilis, längs geschlitzt

8-10 Curryblätter

1 mittelgroße Zwiebel, fein gehackt

1 mittelgroße Tomate, fein gehackt

750ml/1¼ Pints Wasser

1 gehäufter TL Zucker

Salz nach Geschmack

50 g Erbsenkonserven (optional)

25g Korianderblätter, fein gehackt

**Methode**

- Das Ghee in einer Pfanne erhitzen. Den Grieß hinzufügen und unter häufigem Rühren braten, bis der Grieß goldbraun wird. Beiseite legen.
- Das Öl in einem Topf erhitzen. Senfkörner, Urad Dhal, grüne Chilis und Curryblätter hinzufügen. braten, bis der Urad Dhal braun wird.
- Fügen Sie die Zwiebel hinzu und braten Sie sie bei schwacher Hitze, bis sie glasig ist. Tomaten dazugeben und weitere 3-4 Minuten braten.
- Fügen Sie das Wasser hinzu und mischen Sie es gut. Bei mittlerer Hitze kochen, bis die Mischung zu kochen beginnt. Gut umrühren.
- Zucker, Salz, Grieß und Erbsen hinzufügen. Gut mischen.
- Bei schwacher Hitze unter ständigem Rühren 2-3 Minuten kochen.
- Mit den Korianderblättern garnieren. Heiß servieren.

# Fadennudeln Upma

*(Vermicelli mit Zwiebel)*

Für 4

## Zutaten

3 EL raffiniertes Pflanzenöl

1 TL Mung-Dhal*

1 TL Urad Dhal*

¼ TL Senfkörner

8 Curryblätter

10 Erdnüsse

10 Cashewnüsse

1 mittelgroße Kartoffel, fein gehackt

1 große Karotte, fein gehackt

2 grüne Chilis, fein gehackt

1cm/½ in Ingwerwurzel, fein gehackt

1 große Zwiebel, fein gehackt

1 Tomate, fein gehackt

50 g gefrorene Erbsen

Salz nach Geschmack

1 Liter / 1¾ Pints Wasser

200 g Fadennudeln

2 EL Ghee

**Methode**
- Das Öl in einem Topf erhitzen. Mung Dhal, Urad Dhal, Senfkörner und Curryblätter hinzufügen. Lassen Sie sie 30 Sekunden lang stottern.
- Erdnüsse und Cashewnüsse dazugeben. Bei mittlerer Hitze goldbraun braten.
- Kartoffel und Karotte dazugeben. 4-5 Minuten braten.
- Chili, Ingwer, Zwiebel, Tomate, Erbsen und Salz hinzufügen. Bei mittlerer Hitze unter häufigem Rühren kochen, bis das Gemüse weich ist.
- Das Wasser hinzufügen und zum Kochen bringen. Gut umrühren.
- Die Fadennudeln unter ständigem Rühren dazugeben, damit keine Klumpen entstehen.
- Mit einem Deckel abdecken und bei schwacher Hitze 5-6 Minuten garen.
- Ghee dazugeben und gut vermischen. Heiß servieren.

# Bonda

*(Kartoffelkotelett)*

**Macht 10**

## Zutaten

5 EL raffiniertes Pflanzenöl plus extra zum Frittieren

½ TL Senfkörner

2,5 mm Ingwerwurzel, fein gehackt

2 grüne Chilis, fein gehackt

50 g Korianderblätter, fein gehackt

1 große Zwiebel, fein gehackt

4 mittelgroße Kartoffeln, gekocht und püriert

1 große Karotte, fein gehackt und gekocht

125 g Erbsen aus der Dose

Prise Kurkuma

Salz nach Geschmack

1 TL Zitronensaft

250g Besan*

200ml/7fl oz Wasser

½ TL Backpulver

**Methode**

- 4 EL Öl in einem Topf erhitzen. Senfkörner, Ingwer, grüne Chilis, Korianderblätter und Zwiebel hinzufügen. Bei mittlerer Hitze unter gelegentlichem Rühren braten, bis die Zwiebel braun wird.
- Kartoffeln, Karotten, Erbsen, Kurkuma und Salz hinzufügen. Bei schwacher Hitze 5-6 Minuten köcheln lassen, dabei gelegentlich umrühren.
- Mit Zitronensaft beträufeln und die Mischung in 10 Kugeln teilen. Beiseite legen.
- Besan, Wasser und Backpulver mit 1 EL Öl zu einem Teig verrühren.
- Das Öl in einem Topf erhitzen. Jede Kartoffelkugel in den Teig tauchen und bei mittlerer Hitze goldbraun frittieren.
- Heiß servieren.

# Instant-Dhokla

*(Instant gedämpfter herzhafter Kuchen)*

Macht 15-20

## Zutaten

250g Besan*

1 TL Salz

2 EL Zucker

2 EL raffiniertes Pflanzenöl

½ EL Zitronensaft

240ml/8fl oz Wasser

1 EL Backpulver

1 TL Senfkörner

2 grüne Chilis, längs geschlitzt

Ein paar Curryblätter

1 EL Wasser

2 EL Korianderblätter, fein gehackt

1 EL frische Kokosnuss, gerieben

**Methode**

- Besan, Salz, Zucker, 1 EL Öl, Zitronensaft und Wasser zu einem glatten Teig verrühren.
- Eine runde Kuchenform (20 cm/8 Zoll) einfetten.
- Das Backpulver zum Teig geben. Gut mischen und sofort in die gefettete Dose gießen. 20 Minuten dämpfen.
- Mit einer Gabel einstechen, um zu überprüfen, ob es fertig ist. Wenn die Gabel nicht sauber herauskommt, dampfen Sie erneut 5-10 Minuten lang. Beiseite legen.
- Restliches Öl in einem Topf erhitzen. Fügen Sie die Senfkörner hinzu. Lassen Sie sie 15 Sekunden lang stottern.
- Fügen Sie die grünen Chilis, Curryblätter und Wasser hinzu. 2 Minuten bei schwacher Hitze kochen.
- Gießen Sie diese Mischung über die Dhokla und lassen Sie sie die Flüssigkeit aufsaugen.
- Mit Korianderblättern und Kokosraspeln garnieren.
- In Quadrate schneiden und mit Minz-Chutney servieren

# Dhal Maharani

*(Schwarze Linsen und Kidneybohnen)*

Für 4

## Zutaten

150 g Urad Dhal*

2 EL Kidneybohnen

1,4 Liter/2½ Pints Wasser

Salz nach Geschmack

1 EL raffiniertes Pflanzenöl

½ TL Kreuzkümmelsamen

1 große Zwiebel, fein gehackt

3 mittelgroße Tomaten, gehackt

1 TL Ingwerpaste

½ TL Knoblauchpaste

½ TL Chilipulver

½ TL Garam Masala

120ml/4fl oz frische Einzelcreme

**Methode**

- Urad Dhal und Kidneybohnen zusammen über Nacht einweichen. Abgießen und zusammen in einem Topf mit Wasser und Salz 1 Stunde bei mittlerer Hitze kochen. Beiseite legen.
- Das Öl in einem Topf erhitzen. Kreuzkümmelsamen hinzufügen. Lassen Sie sie 15 Sekunden lang stottern.
- Die Zwiebel dazugeben und bei mittlerer Hitze goldbraun braten.
- Fügen Sie die Tomaten hinzu. Gut mischen. Fügen Sie die Ingwerpaste und die Knoblauchpaste hinzu. 5 Minuten braten.
- Fügen Sie die gekochte Dhal-Bohnen-Mischung, Chilipulver und Garam Masala hinzu. Gut mischen.
- Fügen Sie die Sahne hinzu. 5 Minuten köcheln lassen, dabei häufig umrühren.
- Heiß servieren mit Naan oder gedämpftem Reis

# Milagu Kuzhambu

*(Split Red Gram in einer Pfeffersauce)*

Für 4

## Zutaten

2 TL Ghee

2 TL Koriandersamen

1 EL Tamarindenpaste

1 TL gemahlener schwarzer Pfeffer

¼ TL Asafoetida

Salz nach Geschmack

1 EL Toor Dhal*, gekocht

1 Liter / 1¾ Pints Wasser

¼ TL Senfkörner

1 grüne Chili, gehackt

¼ TL Kurkuma

10 Curryblätter

**Methode**

- Einige Tropfen Ghee in einem Topf erhitzen. Koriandersamen dazugeben und bei mittlerer Hitze 2 Minuten braten. Kühlen und mahlen.
- Mit der Tamarindenpaste, Pfeffer, Asafoetida, Salz und Dhal in einem großen Topf mischen.
- Fügen Sie das Wasser hinzu. Gut mischen und bei mittlerer Hitze zum Kochen bringen. Beiseite legen.
- Restliches Ghee in einem Topf erhitzen. Senfkörner, grüne Chili, Kurkuma und Curryblätter dazugeben. Lassen Sie sie 15 Sekunden lang stottern.
- Fügen Sie dies dem Dhal hinzu. Heiß servieren.

# Dhal Hariyali

*(Blattgemüse mit Split Bengal Gramm)*

Für 4

## Zutaten

300g/10oz Toor Dhal*

1,4 Liter/2½ Pints Wasser

Salz nach Geschmack

2 EL Ghee

1 TL Kreuzkümmelsamen

1 Zwiebel, fein gehackt

½ TL Ingwerpaste

½ TL Knoblauchpaste

½ TL Kurkuma

50 g Spinat, gehackt

10 g Bockshornkleeblätter, fein gehackt

25g/wenige 1oz Korianderblätter

**Methode**

- Dhal mit Wasser und Salz in einem Topf 45 Minuten kochen, dabei häufig umrühren. Beiseite legen.
- Das Ghee in einem Topf erhitzen. Kreuzkümmel, Zwiebel, Ingwerpaste, Knoblauchpaste und Kurkuma hinzufügen. 2 Minuten bei schwacher Hitze unter ständigem Rühren braten.
- Spinat, Bockshornkleeblätter und Korianderblätter hinzufügen. Gut mischen und 5-7 Minuten köcheln lassen.
- Heiß servieren mit gedämpftem Reis

# Dhalcha

*(Split Bengal Gram mit Lamm)*

Für 4

## Zutaten

150 g Chana-Dhal*

150 g Toor Dhal*

2,8 Liter Wasser

Salz nach Geschmack

2 EL Tamarindenpaste

2 EL raffiniertes Pflanzenöl

4 große Zwiebeln, gehackt

5cm Ingwerwurzel, gerieben

10 Knoblauchzehen, zerstoßen

750g/1lb 10oz Lamm, gehackt

1,4 Liter/2½ Pints Wasser

3-4 Tomaten, gehackt

1 TL Chilipulver

1 TL Kurkuma

1 TL Garam Masala

20 Curryblätter

25g Korianderblätter, fein gehackt

**Methode**

- Dhals mit Wasser und Salz 1 Stunde bei mittlerer Hitze kochen. Die Tamarindenpaste dazugeben und gut zerdrücken. Beiseite legen.
- Das Öl in einem Topf erhitzen. Zwiebeln, Ingwer und Knoblauch dazugeben. Bei mittlerer Hitze braun braten. Fügen Sie das Lamm hinzu und rühren Sie ständig um, bis es braun ist.
- Wasser hinzufügen und köcheln lassen, bis das Lamm zart ist.
- Tomaten, Chilipulver, Kurkuma und Salz hinzufügen. Gut mischen. Weitere 7 Minuten kochen.
- Dhal, Garam Masala und Curryblätter hinzufügen. Gut mischen. 4-5 Minuten köcheln lassen.
- Mit den Korianderblättern garnieren. Heiß servieren.

# Tarkari Dhalcha

*(Split Bengal Gramm mit Gemüse)*

Für 4

## Zutaten

150 g Chana-Dhal*

150 g Toor Dhal*

Salz nach Geschmack

3 Liter/5¼ Pints Wasser

10 g Minzeblätter

10 g Korianderblätter

2 EL raffiniertes Pflanzenöl

½ TL Senfkörner

½ TL Kreuzkümmelsamen

Prise Bockshornkleesamen

Prise Kalonji-Samen*

2 trockene rote Chilis

10 Curryblätter

½ TL Ingwerpaste

½ TL Knoblauchpaste

½ TL Kurkuma

1 TL Chilipulver

1 TL Tamarindenpaste

500 g Kürbis, fein gewürfelt

**Methode**

- Beide Dhals mit dem Salz, 2,5 Liter Wasser und der Hälfte der Minze und des Korianders in einem Topf bei mittlerer Hitze 1 Stunde lang kochen. Zu einer dicken Paste mahlen. Beiseite legen.
- Das Öl in einem Topf erhitzen. Senf, Kreuzkümmel, Bockshornklee und Kalonji-Samen hinzufügen. Lassen Sie sie 15 Sekunden lang stottern.
- Fügen Sie die roten Chilis und Curryblätter hinzu. Bei mittlerer Hitze 15 Sekunden braten.
- Fügen Sie die Dhalpaste, Ingwerpaste, Knoblauchpaste, Kurkuma, Chilipulver und Tamarindenpaste hinzu. Gut mischen. Bei mittlerer Hitze unter häufigem Rühren 10 Minuten kochen.
- Fügen Sie das restliche Wasser und den Kürbis hinzu. Köcheln lassen, bis der Kürbis gar ist.
- Restliche Minze und Korianderblätter dazugeben. 3-4 Minuten kochen.
- Heiß servieren.

# Dhokar Dhalna

*(Gebratene Dhal-Würfel in Curry)*

Für 4

## Zutaten

600 g / 5 oz Chana Dhal*, über Nacht eingeweicht

120ml/4fl oz Wasser

Salz nach Geschmack

4 EL raffiniertes Pflanzenöl plus extra zum Frittieren

3 grüne Chilis, gehackt

½ TL Asafoetida

2 große Zwiebeln, fein gehackt

1 Lorbeerblatt

1 TL Ingwerpaste

1 TL Knoblauchpaste

1 TL Chilipulver

¾ TL Kurkuma

1 TL Garam Masala

1 EL Korianderblätter, fein gehackt

**Methode**

- Mahlen Sie das Dhal mit Wasser und etwas Salz zu einer dicken Paste. Beiseite legen.
- 1 EL Öl in einem Topf erhitzen. Fügen Sie die grünen Chilis und Asafoetida hinzu. Lassen Sie sie 15 Sekunden lang stottern. Rühren Sie die Dhal-Paste und etwas mehr Salz ein. Gut mischen.
- Diese Mischung zum Abkühlen auf einem Blech verteilen. In 2,5 cm große Stücke schneiden.
- Öl zum Frittieren in einem Topf erhitzen. Die Stücke goldbraun braten. Beiseite legen.
- 2 EL Öl in einem Topf erhitzen. Die Zwiebeln braun braten. Mahlen Sie sie zu einer Paste und legen Sie sie beiseite.
- Den restlichen 1 EL Öl in einem Topf erhitzen. Lorbeerblatt, frittierte Dhalstücke, gebratene Zwiebelpaste, Ingwerpaste, Knoblauchpaste, Chilipulver, Kurkuma und Garam Masala hinzufügen. Fügen Sie genug Wasser hinzu, um die Dhal-Stücke zu bedecken. Gut mischen und 7-8 Minuten köcheln lassen.
- Mit den Korianderblättern garnieren. Heiß servieren.

# Varan

*(Einfaches Split Red Gram Dhal)*

Für 4

## Zutaten

300g/10oz Toor Dhal*

2,4 Liter/4 Pints Wasser

¼ TL Asafoetida

½ TL Kurkuma

Salz nach Geschmack

## Methode

- Alle Zutaten in einem Topf etwa 1 Stunde bei mittlerer Hitze kochen.
- Heiß servieren mit gedämpftem Reis

# Süßes Dhal

*(Sweet Split Red Gramm)*

Für 4-6

## Zutaten

300g/10oz Toor Dhal*

2,5 Liter/4 Pints Wasser

Salz nach Geschmack

¼ TL Kurkuma

Eine große Prise Asafoetida

½ TL Chilipulver

5 cm großes Stück Jaggery*

2 TL raffiniertes Pflanzenöl

¼ TL Kreuzkümmelsamen

¼ TL Senfkörner

2 trockene rote Chilis

1 EL Korianderblätter, fein gehackt

**Methode**

- Den Toor Dhal waschen und mit Wasser und Salz in einem Topf bei schwacher Hitze 1 Stunde kochen.
- Kurkuma, Asafoetida, Chilipulver und Jaggery hinzufügen. 5 Minuten kochen. Gründlich mischen. Beiseite legen.
- In einem kleinen Topf das Öl erhitzen. Kreuzkümmel, Senfkörner und die trockenen roten Chilis hinzufügen. Lassen Sie sie 15 Sekunden lang stottern.
- Gießen Sie dies in das Dhal und mischen Sie es gut.
- Mit den Korianderblättern garnieren. Heiß servieren.

# Süß-sauer Dhal

*(Süß-Sauer Split Red Gram)*

**Für 4-6**

## Zutaten

300g/10oz Toor Dhal*

2,4 Liter/4 Pints Wasser

Salz nach Geschmack

¼ TL Kurkuma

¼ TL Asafoetida

1 TL Tamarindenpaste

1 TL Zucker

2 TL raffiniertes Pflanzenöl

½ TL Senfkörner

2 grüne Chilis

8 Curryblätter

1 EL Korianderblätter, fein gehackt

**Methode**

- Den Torr Dhal in einem Topf mit Wasser und Salz 1 Stunde bei mittlerer Hitze kochen.
- Kurkuma, Asafoetida, Tamarindenpaste und Zucker hinzufügen. 5 Minuten kochen. Beiseite legen.
- In einem kleinen Topf das Öl erhitzen. Senfkörner, grüne Chilis und Curryblätter dazugeben. Lassen Sie sie 15 Sekunden lang stottern.
- Gießen Sie dieses Gewürz in den Dhal.
- Mit den Korianderblättern garnieren.
- Heiß servieren mit gedämpftem Reis oder Chapattispat

# Mung-ni-Dhal

*(Split Green Gramm)*

**Für 4**

## Zutaten

300 g Mung-Dhal*

1,9 Liter/3½ Pints Wasser

Salz nach Geschmack

¼ TL Kurkuma

½ TL Ingwerpaste

1 grüne Chili, fein gehackt

¼ TL Zucker

1 EL Ghee

½ TL Sesamkörner

1 kleine Zwiebel, gehackt

1 Knoblauchzehe, gehackt

**Methode**

- Mung Dhal mit Wasser und Salz in einem Topf bei mittlerer Hitze 30 Minuten kochen.
- Kurkuma, Ingwerpaste, grüne Chili und Zucker hinzufügen. Gut umrühren.
- Fügen Sie 120 ml Wasser hinzu, wenn der Dhal trocken ist. 2-3 Minuten köcheln lassen und beiseite stellen.
- Das Ghee in einem kleinen Topf erhitzen. Sesam, Zwiebel und Knoblauch dazugeben. 1 Minute unter ständigem Rühren braten.
- Fügen Sie dies dem Dhal hinzu. Heiß servieren.

# Dhal mit Zwiebel & Kokosnuss

*(Split Red Gram mit Zwiebeln und Kokosnuss)*

Für 4-6

## Zutaten

300g/10oz Toor Dhal*

2,8 Liter Wasser

2 grüne Chilis, gehackt

1 kleine Zwiebel, gehackt

Salz nach Geschmack

¼ TL Kurkuma

1½ TL Pflanzenöl

½ TL Senfkörner

1 EL Korianderblätter, fein gehackt

50 g frische Kokosnuss, gerieben

**Methode**

- Den Torr Dhal mit Wasser, grünen Chilis, Zwiebeln, Salz und Kurkuma in einem Topf bei mittlerer Hitze 1 Stunde kochen. Beiseite legen.
- Das Öl in einem Topf erhitzen. Fügen Sie die Senfkörner hinzu. Lassen Sie sie 15 Sekunden lang stottern.
- Gießen Sie dies in das Dhal und mischen Sie es gut.
- Mit Korianderblättern und Kokos garnieren. Heiß servieren.

# Dahi Kadhi

*(Curry auf Joghurtbasis)*

Für 4

## Zutaten

1 EL Besan*

250g Joghurt

750ml/1¼ Pints Wasser

2 TL Zucker

Salz nach Geschmack

½ TL Ingwerpaste

1 EL raffiniertes Pflanzenöl

¼ TL Senfkörner

¼ TL Kreuzkümmelsamen

¼ TL Bockshornkleesamen

8 Curryblätter

10 g Korianderblätter, fein gehackt

**Methode**

- Besan mit Joghurt, Wasser, Zucker, Salz und Ingwerpaste in einem großen Topf mischen. Gut umrühren, damit sich keine Klumpen bilden.
- Die Mischung bei mittlerer Hitze kochen, bis sie anfängt einzudicken, dabei häufig umrühren. Aufkochen. Beiseite legen.
- Das Öl in einem Topf erhitzen. Senfkörner, Kreuzkümmel, Bockshornkleesamen und Curryblätter dazugeben. Lassen Sie sie 15 Sekunden lang stottern.
- Gießen Sie dieses Öl über die Besan-Mischung.
- Mit den Korianderblättern garnieren. Heiß servieren.

# Spinat Dhal

*(Spinat mit Split Green Gramm)*

Für 4

## Zutaten

300 g Mung-Dhal*

1,9 Liter/3½ Pints Wasser

Salz nach Geschmack

1 große Zwiebel, gehackt

6 Knoblauchzehen, gehackt

¼ TL Kurkuma

100 g Spinat, gehackt

½ TL Amchoor*

Prise Garam Masala

½ TL Ingwerpaste

1 EL raffiniertes Pflanzenöl

1 TL Kreuzkümmelsamen

2 EL Korianderblätter, fein gehackt

**Methode**

- Dhal mit Wasser und Salz in einem Topf bei mittlerer Hitze 30-40 Minuten kochen.
- Zwiebel und Knoblauch dazugeben. 7 Minuten kochen.
- Kurkuma, Spinat, Amchoor, Garam Masala und Ingwerpaste hinzufügen. Gründlich mischen.
- Köcheln lassen, bis das Dhal weich ist und alle Gewürze aufgenommen wurden. Beiseite legen.
- Das Öl in einem Topf erhitzen. Kreuzkümmelsamen hinzufügen. Lassen Sie sie 15 Sekunden lang stottern.
- Gießen Sie dies über das Dhal.
- Mit den Korianderblättern garnieren. Heiß servieren

# Tawker Dhal

*(Sauer gespaltene rote Linsen mit unreifen Mango)*

Für 4

## Zutaten

300g/10oz Toor Dhal*

2,4 Liter/4 Pints Wasser

1 unreife Mango, entsteint und geviertelt

½ TL Kurkuma

4 grüne Chilis

Salz nach Geschmack

2 TL Senföl

½ TL Senfkörner

1 EL Korianderblätter, fein gehackt

**Methode**

- Dhal mit Wasser, Mangostücken, Kurkuma, grünen Chilis und Salz eine Stunde kochen. Beiseite legen.
- Öl in einem Topf erhitzen und Senfkörner dazugeben. Lassen Sie sie 15 Sekunden lang stottern.
- Fügen Sie dies dem Dhal hinzu. Dick köcheln lassen.
- Mit den Korianderblättern garnieren. Heiß servieren mit gedämpftem Reis

# Einfaches Dhal

*(Split Red Gram mit Tomate)*

**Für 4**

## Zutaten

300g/10oz Toor Dhal*

1,2 Liter/2 Pints Wasser

Salz nach Geschmack

¼ TL Kurkuma

½ EL raffiniertes Pflanzenöl

¼ TL Kreuzkümmelsamen

2 grüne Chilis, längs geschlitzt

1 mittelgroße Tomate, fein gehackt

1 EL Korianderblätter, fein gehackt

**Methode**

- Das Torr Dhal mit Wasser und Salz in einem Topf 1 Stunde bei mittlerer Hitze kochen.
- Kurkuma dazugeben und gut vermischen.
- Wenn der Dhal zu dick ist, fügen Sie 120 ml Wasser hinzu. Gut mischen und beiseite stellen.
- Das Öl in einem Topf erhitzen. Fügen Sie die Kreuzkümmelsamen hinzu und lassen Sie sie 15 Sekunden lang sprudeln. Fügen Sie die grünen Chilis und Tomaten hinzu. 2 Minuten braten.
- Fügen Sie dies dem Dhal hinzu. Mischen und 3 Minuten köcheln lassen.
- Mit den Korianderblättern garnieren. Heiß servieren mit gedämpftem Reis

# Maa-ki-Dhal

*(reiches schwarzes Gramm)*

Für 4

## Zutaten

240g Kaali-Dhal*

125 g Kidneybohnen

2,8 Liter Wasser

Salz nach Geschmack

3,5 cm Ingwerwurzel, Julienne

1 TL Chilipulver

3 Tomaten, püriert

1 EL Butter

2 TL raffiniertes Pflanzenöl

1 TL Kreuzkümmelsamen

2 EL Einzelrahm

**Methode**

- Dhal und Kidneybohnen zusammen über Nacht einweichen.
- Mit Wasser, Salz und Ingwer in einem Topf 40 Minuten bei mittlerer Hitze kochen.
- Chilipulver, Tomatenmark und Butter dazugeben. 8-10 Minuten köcheln lassen. Beiseite legen.
- Das Öl in einem Topf erhitzen. Kreuzkümmelsamen hinzufügen. Lassen Sie sie 15 Sekunden lang stottern.
- Fügen Sie dies dem Dhal hinzu. Gut mischen.
- Fügen Sie die Sahne hinzu. Heiß servieren mit gedämpftem Reis

# Dhansak

*(Würziges Parsi Split Red Gram)*

Für 4

## Zutaten

3 EL raffiniertes Pflanzenöl

1 große Zwiebel, fein gehackt

2 große Tomaten, gehackt

½ TL Kurkuma

½ TL Chilipulver

1 EL Dhansak-Masala*

1 EL Malzessig

Salz nach Geschmack

## Für die Dhal-Mischung:

150 g Toor Dhal*

75 g Mung-Dhal*

75g/2½oz Masoor Dhal*

1 kleine Aubergine, geviertelt

7,5 cm großes Stück Kürbis, geviertelt

1 EL frische Bockshornkleeblätter

1,4 Liter/2½ Pints Wasser

Salz nach Geschmack

**Methode**

- Die Zutaten für die Dhal-Mischung zusammen in einem Topf bei mittlerer Hitze 45 Minuten kochen. Beiseite legen.
- Das Öl in einem Topf erhitzen. Zwiebeln und Tomaten bei mittlerer Hitze 2-3 Minuten anbraten.
- Fügen Sie die Dhal-Mischung und alle restlichen Zutaten hinzu. Gut mischen und bei mittlerer Hitze 5-7 Minuten kochen. Heiß servieren.

# Masoor Dhal

Für 4

## Zutaten

300g/10oz Masoor Dhal*

Salz nach Geschmack

Prise Kurkuma

1,2 Liter/2 Pints Wasser

2 EL raffiniertes Pflanzenöl

6 Knoblauchzehen, zerdrückt

1 TL Zitronensaft

## Methode

- Dhal, Salz, Kurkuma und Wasser in einem Topf bei mittlerer Hitze 45 Minuten kochen. Beiseite legen.
- Öl in einer Pfanne erhitzen und den Knoblauch braun braten. Zum Dhal geben und mit Zitronensaft beträufeln. Gut mischen. Heiß servieren.

# Panchemel Dhal

*(Fünf Linsenmischung)*

**Für 4**

## Zutaten

75 g Mung-Dhal*

1 EL Chana-Dhal*

1 EL Masoor Dhal*

1 EL Toor Dhal*

1 EL Urad-Dhal*

750ml/1¼ Pints Wasser

½ TL Kurkuma

Salz nach Geschmack

1 EL Ghee

1 TL Kreuzkümmelsamen

Prise Asafoetida

½ TL Garam Masala

1 TL Ingwerpaste

**Methode**

- Dhals mit Wasser, Kurkuma und Salz in einem Topf 1 Stunde bei mittlerer Hitze kochen. Gut umrühren. Beiseite legen.
- Das Ghee in einem Topf erhitzen. Die restlichen Zutaten 1 Minute braten.
- Diese zum Dhal geben, gut mischen und 3-4 Minuten köcheln lassen. Heiß servieren.

# Cholar Dhal

*(Split Bengal Gramm)*

Für 4

## Zutaten

600 g / 5 oz Chana Dhal*

2,4 Liter/5 Pints Wasser

Salz nach Geschmack

3 EL Ghee

½ TL Kreuzkümmelsamen

½ TL Kurkuma

2 TL Zucker

3 Nelken

2 Lorbeerblätter

2,5 cm Zimt

2 grüne Kardamomkapseln

15 g Kokosnuss, gehackt und frittiert

**Methode**

- Dhal mit Wasser und Salz in einem Topf bei mittlerer Hitze 1 Stunde kochen. Beiseite legen.
- 2 EL Ghee in einem Topf erhitzen. Fügen Sie alle Zutaten hinzu, außer der Kokosnuss. Lassen Sie sie 20 Sekunden lang stottern. Fügen Sie das gekochte Dhal hinzu und kochen Sie es 5 Minuten lang gut um. Kokosnuss und 1 EL Ghee dazugeben. Heiß servieren.

# Dilpasand Dhal

*(Spezielle Linsen)*

**Für 4**

## Zutaten

60 g Uradbohnen*

2 EL Kidneybohnen

2 EL Kichererbsen

2 Liter/3½ Pints Wasser

¼ TL Kurkuma

2 EL Ghee

2 Tomaten, blanchiert und püriert

2 TL Kreuzkümmel gemahlen, trocken geröstet

125 g Joghurt, verquirlt

120ml/4fl oz Einzelcreme

Salz nach Geschmack

**Methode**

- Bohnen, Kichererbsen und Wasser mischen. 4 Stunden in einem Topf einweichen. Kurkuma hinzufügen und 45 Minuten bei mittlerer Hitze kochen. Beiseite legen.
- Das Ghee in einem Topf erhitzen. Alle restlichen Zutaten hinzufügen und bei mittlerer Hitze kochen, bis sich das Ghee trennt.
- Die Bohnen-Kichererbsen-Mischung hinzufügen. Köcheln lassen, bis es trocken ist. Heiß servieren.

# Dhal Masoor

*(gespaltene rote Linsen)*

**Für 4**

## Zutaten

1 EL Ghee

1 TL Kreuzkümmelsamen

1 kleine Zwiebel, fein gehackt

2,5 cm Ingwerwurzel, fein gehackt

6 Knoblauchzehen, fein gehackt

4 grüne Chilis, längs geschlitzt

1 Tomate, geschält und püriert

½ TL Kurkuma

300g/10oz Masoor Dhal*

1,5 Liter Wasser

Salz nach Geschmack

2 EL Korianderblätter

**Methode**

- Das Ghee in einem Topf erhitzen. Kreuzkümmel, Zwiebel, Ingwer, Knoblauch, Chilis, Tomate und Kurkuma hinzufügen. 5 Minuten braten, dabei häufig umrühren.
- Dhal, Wasser und Salz hinzufügen. 45 Minuten köcheln lassen. Mit den Korianderblättern garnieren. Heiß servieren mit gedämpftem Reis

# Dhal mit Aubergine

*(Linsen mit Aubergine)*

**Für 4**

## Zutaten

300g/10oz Toor Dhal*

1,5 Liter Wasser

Salz nach Geschmack

1 EL raffiniertes Pflanzenöl

50 g Auberginen, gewürfelt

2,5 cm Zimt

2 grüne Kardamomkapseln

2 Nelken

1 große Zwiebel, fein gehackt

2 große Tomaten, fein gehackt

½ TL Ingwerpaste

½ TL Knoblauchpaste

1 TL gemahlener Koriander

½ TL Kurkuma

10 g Korianderblätter zum Garnieren

**Methode**

- Dhal mit Wasser und Salz in einem Topf 45 Minuten bei mittlerer Hitze kochen. Beiseite legen.
- Das Öl in einem Topf erhitzen. Alle restlichen Zutaten bis auf die Korianderblätter hinzufügen. 2-3 Minuten unter ständigem Rühren braten.
- Fügen Sie die Mischung dem Dhal hinzu. 5 Minuten köcheln lassen. Garnieren und servieren.

# Gelber Dhal Tadka

Für 4

## Zutaten

300 g Mung-Dhal*

1 Liter / 1¾ Pints Wasser

¼ TL Kurkuma

Salz nach Geschmack

3 TL Ghee

½ TL Senfkörner

½ TL Kreuzkümmelsamen

½ TL Bockshornkleesamen

2,5 cm Ingwerwurzel, fein gehackt

4 Knoblauchzehen, fein gehackt

3 grüne Chilis, längs geschlitzt

8 Curryblätter

## Methode

- Dhal mit Wasser, Kurkuma und Salz in einem Topf 45 Minuten bei mittlerer Hitze kochen. Beiseite legen.
- Das Ghee in einem Topf erhitzen. Alle restlichen Zutaten hinzufügen. 1 Minute braten und auf den Dhal gießen. Gut mischen und heiß servieren.

# Rasam

*(Scharfe Suppe auf Tamarindenbasis)*

Für 4

## Zutaten

2 EL Tamarindenpaste

750ml/1¼ Pints Wasser

8-10 Curryblätter

2 EL gehackte Korianderblätter

Prise Asafoetida

Salz nach Geschmack

2 TL Ghee

½ TL Senfkörner

## Für die Gewürzmischung:

2 TL Koriandersamen

2 EL Toor Dhal*

1 TL Kreuzkümmelsamen

4-5 Pfefferkörner

1 getrocknete rote Chili

**Methode**

- Die Zutaten der Gewürzmischung trocken rösten und mahlen.
- Die Gewürzmischung mit allen Zutaten außer dem Ghee und den Senfkörner vermischen. 7 Minuten bei mittlerer Hitze in einem Topf kochen.
- Ghee in einem anderen Topf erhitzen. Die Senfkörner dazugeben und 15 Sekunden sprudeln lassen. Gießen Sie dies direkt in den Rasam. Heiß servieren.

# Einfaches Mung Dhal

Für 4

**Zutaten**

300 g Mung-Dhal*

1 Liter / 1¾ Pints Wasser

Prise Kurkuma

Salz nach Geschmack

2 EL raffiniertes Pflanzenöl

1 große Zwiebel, fein gehackt

3 grüne Chilis, fein gehackt

2,5 cm Ingwerwurzel, fein gehackt

5 Curryblätter

2 Tomaten, fein gehackt

**Methode**

- Dhal mit Wasser, Kurkuma und Salz in einem Topf 30 Minuten bei mittlerer Hitze kochen. Beiseite legen.
- Das Öl in einem Topf erhitzen. Alle restlichen Zutaten hinzufügen. 3-4 Minuten braten. Fügen Sie dies dem Dhal hinzu. Dick köcheln lassen. Heiß servieren.

# Ganzer grüner Mung

Für 4

## Zutaten

250g Mungobohnen, über Nacht eingeweicht

1 Liter / 1¾ Pints Wasser

½ EL raffiniertes Pflanzenöl

½ TL Kreuzkümmelsamen

6 Curryblätter

1 große Zwiebel, fein gehackt

½ TL Knoblauchpaste

½ TL Ingwerpaste

3 grüne Chilis, fein gehackt

1 Tomate, fein gehackt

¼ TL Kurkuma

Salz nach Geschmack

120ml/4fl oz Milch

**Methode**

- Die Bohnen mit dem Wasser in einem Topf 45 Minuten bei mittlerer Hitze kochen. Beiseite legen.
- Das Öl in einem Topf erhitzen. Kreuzkümmel und Curryblätter dazugeben.
- Nach 15 Sekunden die gekochten Bohnen und alle restlichen Zutaten hinzufügen. Gut mischen und 7-8 Minuten köcheln lassen. Heiß servieren.

# Dahi Kadhi mit Pakoras

*(Curry auf Joghurtbasis mit gebratenen Knödeln)*

Für 4

## Zutaten
**Für die Pakora:**

- 125 g Besan*
- ¼ TL Kreuzkümmelsamen
- 2 TL gehackte Zwiebeln
- 1 gehackte grüne Chili
- ½ TL geriebener Ingwer
- Prise Kurkuma
- 2 grüne Chilis, fein gehackt
- ½ TL Ajowansamen
- Salz nach Geschmack
- Öl zum Frittieren

**Für den Kadhi:**
- Dahi Kadhi

**Methode**

- Mischen Sie in einer Schüssel alle Pakora-Zutaten außer dem Öl mit so viel Wasser, dass ein dicker Teig entsteht. Löffelweise in heißem Öl goldbraun braten.
- Koche den Kadhi und füge die Pakoras hinzu. 3-4 Minuten köcheln lassen.
- Heiß servieren mit gedämpftem Reis

# Süße unreife Mango Dhal

*(Split Red Gram mit unreifen Mango)*

**Für 4**

## Zutaten

300g/10oz Toor Dhal*

2 grüne Chilis, längs geschlitzt

2 TL Jaggery*, gerieben

1 kleine Zwiebel, in Scheiben geschnitten

Salz nach Geschmack

¼ TL Kurkuma

1,5 Liter Wasser

1 unreife Mango, geschält und gehackt

1½ TL raffiniertes Pflanzenöl

½ TL Senfkörner

1 EL Korianderblätter, zum Garnieren

**Methode**

- Alle Zutaten außer Öl, Senfkörner und Korianderblätter in einem Topf mischen. 30 Minuten bei mittlerer Hitze kochen. Beiseite legen.
- Das Öl in einem Topf erhitzen. Fügen Sie die Senfkörner hinzu. Lassen Sie sie 15 Sekunden lang stottern. Gießen Sie dies über das Dhal. Garnieren und heiß servieren.

# Malai Dhal

*(Split Black Gram mit Sahne)*

**Für 4**

## Zutaten

300g/10oz Urad Dhal*, 4 Stunden eingeweicht

1 Liter / 1¾ Pints Wasser

500ml/16fl oz Milch, gekocht

1 TL Kurkuma

Salz nach Geschmack

½ TL Amchoor*

2 EL Einzelrahm

1 EL Ghee

1 TL Kreuzkümmelsamen

2,5 cm Ingwerwurzel, fein gehackt

1 kleine Tomate, fein gehackt

1 kleine Zwiebel, fein gehackt

**Methode**

- Dhal mit dem Wasser bei mittlerer Hitze 45 Minuten kochen.
- Milch, Kurkuma, Salz, Amchoor und Sahne hinzufügen. Gut mischen und 3-4 Minuten kochen. Beiseite legen.
- Das Ghee in einem Topf erhitzen. Kreuzkümmel, Ingwer, Tomate und Zwiebel hinzufügen. 3 Minuten braten. Fügen Sie dies dem Dhal hinzu. Gut mischen und heiß servieren.

# Sambhar

*(Gemischte Linsen und Gemüse mit speziellen Gewürzen gekocht)*

Für 4

## Zutaten

300g/10oz Toor Dhal*

1,5 Liter Wasser

Salz nach Geschmack

1 EL raffiniertes Pflanzenöl

1 große Zwiebel, in dünne Scheiben geschnitten

2 TL Tamarindenpaste

¼ TL Kurkuma

1 grüne Chili, grob gehackt

1½ TL Sambhar-Pulver*

2 EL Korianderblätter, fein gehackt

## Für die Würze:

1 grüne Chilischote, längs geschlitzt

1 TL Senfkörner

½ TL Urad Dhal*

8 Curryblätter

¼ TL Asafoetida

**Methode**

- Alle Zutaten des Gewürzes miteinander vermischen. Beiseite legen.
- Den Tordhal mit Wasser und Salz in einem Topf bei mittlerer Hitze 40 Minuten kochen. Gut zerdrücken. Beiseite legen.
- Das Öl in einem Topf erhitzen. Fügen Sie die Gewürzzutaten hinzu. Lassen Sie sie 20 Sekunden lang stottern.
- Den gekochten Dhal und alle restlichen Zutaten außer den Korianderblättern hinzufügen. Bei schwacher Hitze 8-10 Minuten kochen.
- Mit den Korianderblättern garnieren. Heiß servieren.

# Drei Dhals

*(Gemischte Linsen)*

Für 4

## Zutaten

150 g Toor Dhal*

75g/2½oz Masoor Dhal*

75 g Mung-Dhal*

1 Liter / 1¾ Pints Wasser

1 große Tomate, fein gehackt

1 kleine Zwiebel, fein gehackt

4 Knoblauchzehen, fein gehackt

6 Curryblätter

Salz nach Geschmack

¼ TL Kurkuma

2 EL raffiniertes Pflanzenöl

½ TL Kreuzkümmelsamen

**Methode**

- Weichen Sie die Dhals 30 Minuten im Wasser ein. Mit den restlichen Zutaten, außer Öl und Kreuzkümmel, 45 Minuten bei mittlerer Hitze kochen.
- Das Öl in einem Topf erhitzen. Kreuzkümmelsamen hinzufügen. Lassen Sie sie 15 Sekunden lang stottern. Gießen Sie dies über das Dhal. Gut mischen. Heiß servieren.

# Methi-Drumstick Sambhar

*(Bockshornklee und Drumsticks mit Split Red Gram)*

Für 4

## Zutaten

300g/10oz Toor Dhal*

1 Liter / 1¾ Pints Wasser

Prise Kurkuma

Salz nach Geschmack

2 indische Trommelstöcke*, gehackt

1 TL raffiniertes Pflanzenöl

¼ TL Senfkörner

1 rote Chili, halbiert

¼ TL Asafoetida

10 g frische Bockshornkleeblätter, gehackt

1¼ TL Sambhar-Pulver*

1¼ TL Tamarindenpaste

**Methode**

- Mischen Sie Dhal, Wasser, Kurkuma, Salz und Drumsticks in einem Topf. 45 Minuten bei mittlerer Hitze kochen. Beiseite legen.
- Das Öl in einer Pfanne erhitzen. Alle restlichen Zutaten dazugeben und 2-3 Minuten unter Rühren braten. Dies zum Dhal geben und 7-8 Minuten köcheln lassen. Heiß servieren.

# Dhal Shorba

*(Linsensuppe)*

Für 4

## Zutaten

300g/10oz Toor Dhal*

Salz nach Geschmack

1 Liter / 1¾ Pints Wasser

1 EL raffiniertes Pflanzenöl

2 große Zwiebeln, in Scheiben geschnitten

4 Knoblauchzehen, zerdrückt

50 g Spinatblätter, fein gehackt

3 Tomaten, fein gehackt

1 TL Zitronensaft

1 TL Garam Masala

## Methode

- Dhal, Salz und Wasser in einem Topf bei mittlerer Hitze 45 Minuten kochen. Beiseite legen.
- Erhitze das Öl. Die Zwiebeln bei mittlerer Hitze braun braten. Alle restlichen Zutaten hinzufügen und 5 Minuten kochen lassen, dabei häufig umrühren.

- Fügen Sie dies der Dhal-Mischung hinzu. Heiß servieren.

# Lecker Mung

*(Ganzer Mung)*

Für 4

## Zutaten

250g Mungobohnen

2,5 Liter/4 Pints Wasser

Salz nach Geschmack

2 mittelgroße Zwiebeln, gehackt

3 grüne Chilis, gehackt

¼ TL Kurkuma

1 TL Chilipulver

1 TL Zitronensaft

1 EL raffiniertes Pflanzenöl

½ TL Kreuzkümmelsamen

6 Knoblauchzehen, zerdrückt

**Methode**

- Die Mungobohnen 3-4 Stunden im Wasser einweichen. In einem Topf mit Salz, Zwiebeln, grünen Chilis, Kurkuma und Chilipulver bei mittlerer Hitze 1 Stunde kochen.
- Den Zitronensaft hinzufügen. 10 Minuten köcheln lassen. Beiseite legen.

•Das Öl in einem Topf erhitzen. Kreuzkümmel und Knoblauch dazugeben. 1 Minute bei mittlerer Hitze braten. Gießen Sie dies in die Mung-Mischung. Heiß servieren.

# Masala Toor Dhal

*(Scharf gespaltenes rotes Gramm)*

Für 4

## Zutaten

300g/10oz Toor Dhal*

1,5 Liter Wasser

Salz nach Geschmack

½ TL Kurkuma

1 EL raffiniertes Pflanzenöl

½ TL Senfkörner

8 Curryblätter

¼ TL Asafoetida

½ TL Ingwerpaste

½ TL Knoblauchpaste

1 grüne Chili, fein gehackt

1 Zwiebel, fein gehackt

1 Tomate, fein gehackt

2 TL Zitronensaft

2 EL Korianderblätter zum Garnieren

**Methode**

- Dhal mit Wasser, Salz und Kurkuma in einem Topf 45 Minuten bei mittlerer Hitze kochen. Beiseite legen.
- Das Öl in einem Topf erhitzen. Alle Zutaten bis auf den Zitronensaft und die Korianderblätter hinzufügen. 3-4 Minuten bei mittlerer Hitze braten. Gießen Sie dies über das Dhal.
- Zitronensaft und Korianderblätter hinzufügen. Gut mischen. Heiß servieren.

# Trockener gelber Mung Dhal

*(trockenes gelbes Gramm)*

Für 4

## Zutaten

300 g Mung-Dhal*, 1 Stunde eingeweicht

250ml/8fl oz Wasser

¼ TL Kurkuma

Salz nach Geschmack

1 EL Ghee

1 TL Amchor*

1 EL Korianderblätter, gehackt

1 kleine Zwiebel, fein gehackt

## Methode

- Dhal mit Wasser, Kurkuma und Salz in einem Topf 45 Minuten bei mittlerer Hitze kochen.
- Das Ghee erhitzen und auf den Dhal gießen. Streuen Sie die Amchoor, Korianderblätter und die Zwiebel darüber. Heiß servieren.

# Ganze Urad

*(Ganzes schwarzes Gramm)*

Für 4

## Zutaten

300g/10oz Uradbohnen*, gewaschen

Salz nach Geschmack

1,25 Liter/2½ Pints Wasser

¼ TL Kurkuma

½ TL Chilipulver

½ TL getrocknetes Ingwerpulver

¾ TL Garam Masala

1 EL Ghee

½ TL Kreuzkümmelsamen

1 große Zwiebel, fein gehackt

2 EL Korianderblätter, fein gehackt

**Methode**

- Die Uradbohnen mit Salz und Wasser in einem Topf 45 Minuten bei mittlerer Hitze kochen.
- Kurkuma, Chilipulver, Ingwerpulver und Garam Masala hinzufügen. Gut mischen und 5 Minuten köcheln lassen. Beiseite legen.
- Das Ghee in einem Topf erhitzen. Fügen Sie die Kreuzkümmelsamen hinzu und lassen Sie sie 15 Sekunden lang sprudeln. Fügen Sie die Zwiebel hinzu und braten Sie sie bei mittlerer Hitze, bis sie braun ist.
- Die Zwiebelmischung zum Dhal geben und gut vermischen. 10 Minuten köcheln lassen.
- Mit den Korianderblättern garnieren. Heiß servieren.

# Dhal Fry

*(Split Red Gram mit gebratenen Gewürzen)*

Für 4

## Zutaten

300g/10oz Toor Dhal*

1,5 Liter Wasser

½ TL Kurkuma

Salz nach Geschmack

2 EL Ghee

½ TL Senfkörner

½ TL Kreuzkümmelsamen

½ TL Bockshornkleesamen

2,5 cm Ingwerwurzel, fein gehackt

2-3 Knoblauchzehen, fein gehackt

2 grüne Chilis, fein gehackt

1 kleine Zwiebel, fein gehackt

1 Tomate, fein gehackt

**Methode**

- Dhal mit Wasser, Kurkuma und Salz in einem Topf 45 Minuten bei mittlerer Hitze kochen. Gut umrühren. Beiseite legen.
- Das Ghee in einem Topf erhitzen. Senfkörner, Kreuzkümmel und Bockshornkleesamen dazugeben. Lassen Sie sie 15 Sekunden lang stottern.
- Ingwer, Knoblauch, grüne Chilis, Zwiebel und Tomate hinzufügen. Bei mittlerer Hitze 3-4 Minuten braten, dabei häufig umrühren. Fügen Sie dies dem Dhal hinzu. Heiß servieren.

# Zunka

*(Würziges Gram-Mehl-Curry)*

Für 4

## Zutaten

750g/1lb 10oz Besan*, trocken geröstet

400 ml Wasser

4 EL raffiniertes Pflanzenöl

½ TL Senfkörner

½ TL Kreuzkümmelsamen

½ TL Kurkuma

3-4 grüne Chilis, längs aufgeschnitten

10 Knoblauchzehen, zerdrückt

3 kleine Zwiebeln, fein gehackt

1 TL Tamarindenpaste

Salz nach Geschmack

## Methode

- Mischen Sie das Besan mit so viel Wasser, dass eine dicke Paste entsteht. Beiseite legen.

- Das Öl in einem Topf erhitzen. Senf- und Kreuzkümmelsamen hinzufügen. Lassen Sie sie 15 Sekunden lang stottern. Fügen Sie die restlichen Zutaten hinzu. Eine Minute braten. Fügen Sie die Besanpaste hinzu und rühren Sie kontinuierlich bei schwacher Hitze, bis sie dick ist. Heiß servieren.

# Rübencurry

Für 4

## Zutaten

3 TL Mohn

3 TL Sesamkörner

3 TL Koriandersamen

3 TL frische Kokosnuss, gerieben

125 g Joghurt

120ml/4fl oz raffiniertes Pflanzenöl

2 große Zwiebeln, fein gehackt

1½ TL Chilipulver

1 TL Ingwerpaste

1 TL Knoblauchpaste

400 g Rüben, gehackt

Salz nach Geschmack

**Methode**

- Mohn-, Sesam- und Koriandersamen sowie die Kokosnuss 1-2 Minuten trocken rösten. Zu einer Paste zermahlen.

- Diese Paste mit dem Joghurt verquirlen. Beiseite legen.

- Das Öl in einem Topf erhitzen. Fügen Sie die restlichen Zutaten hinzu. Frittieren Sie sie bei mittlerer Hitze für 5 Minuten. Fügen Sie die Joghurtmischung hinzu. 7-8 Minuten köcheln lassen. Heiß servieren.

# Chhaner Dhalna

*(Paneer im bengalischen Stil)*

**Für 4**

## Zutaten

2 EL Senföl plus extra zum Frittieren

225g/8oz Paneer*, gewürfelt

2,5 cm Zimt

3 grüne Kardamomkapseln

4 Nelken

½ TL Kreuzkümmelsamen

1 TL Kurkuma

2 große Kartoffeln, gewürfelt und gebraten

½ TL Chilipulver

2 TL Zucker

Salz nach Geschmack

250ml/8fl oz Wasser

2 EL Korianderblätter, gehackt

**Methode**

- Öl zum Frittieren in einer Pfanne erhitzen. Paneer dazugeben und bei mittlerer Hitze goldbraun braten. Abgießen und beiseite stellen.

- Restliches Öl in einem Topf erhitzen. Fügen Sie die restlichen Zutaten hinzu, außer dem Wasser und den Korianderblättern. 2-3 Minuten braten.

- Fügen Sie das Wasser hinzu. 7-8 Minuten köcheln lassen. Fügen Sie den Paneer hinzu. Weitere 5 Minuten köcheln lassen. Mit den Korianderblättern garnieren. Heiß servieren.

# Mais mit Kokos

**Für 4**

## Zutaten

2 EL Ghee

600 g Maiskörner, gekocht

1 TL Zucker

1 TL Salz

10 g Korianderblätter, fein gehackt

## Für die Kokospaste:

50 g frische Kokosnuss, gerieben

3 EL Mohn

1 TL Koriandersamen

2,5 cm Ingwerwurzel, Julienned

3 grüne Chilis

125g/4½oz Erdnüsse

**Methode**

- Alle Zutaten für die Kokospaste grob mahlen. Das Ghee in einer Pfanne erhitzen. Fügen Sie die Paste hinzu und braten Sie sie 4-5 Minuten lang unter ständigem Rühren.

- Mais, Zucker und Salz hinzufügen. Bei schwacher Hitze 4-5 Minuten kochen.

- Mit den Korianderblättern garnieren. Heiß servieren.

# Grüner Pfeffer mit Kartoffel

Für 4

## Zutaten

2 EL raffiniertes Pflanzenöl

1 TL Kreuzkümmelsamen

10 Knoblauchzehen, fein gehackt

3 große Kartoffeln, gewürfelt

2 TL gemahlener Koriander

1 TL gemahlener Kreuzkümmel

½ TL Kurkuma

½ TL Amchoor*

½ TL Garam Masala

Salz nach Geschmack

3 große grüne Paprika, Julienned

3 EL Korianderblätter, gehackt

**Methode**

- Das Öl in einem Topf erhitzen. Kreuzkümmel und Knoblauch dazugeben. 30 Sekunden braten.

- Fügen Sie die restlichen Zutaten, außer Paprika und Korianderblätter, hinzu. Bei mittlerer Hitze 5-6 Minuten unter Rühren braten.

- Fügen Sie die Paprika hinzu. Bei schwacher Hitze weitere 5 Minuten braten. Mit den Korianderblättern garnieren. Heiß servieren.

# Pikante Erbsen mit Kartoffeln

Für 4

## Zutaten

2 EL raffiniertes Pflanzenöl

1 TL Ingwerpaste

1 große Zwiebel, fein gehackt

2 große Kartoffeln, gewürfelt

500g/1lb 2oz Erbsenkonserven

½ TL Kurkuma

Salz nach Geschmack

½ TL Garam Masala

2 große Tomaten, gewürfelt

½ TL Chilipulver

1 TL Zucker

1 EL Korianderblätter, gehackt

**Methode**

- Das Öl in einem Topf erhitzen. Fügen Sie die Ingwerpaste und die Zwiebel hinzu. Braten Sie sie, bis die Zwiebel glasig ist.

- Die restlichen Zutaten bis auf die Korianderblätter hinzufügen. Gut mischen. Mit einem Deckel abdecken und bei schwacher Hitze 10 Minuten garen.

- Mit den Korianderblättern garnieren. Heiß servieren.

# Sautierten Pilzen

Für 4

## Zutaten

2 EL raffiniertes Pflanzenöl

4 grüne Chilis, längs geschlitzt

8 Knoblauchzehen, zerdrückt

100 g grüne Paprika, in Scheiben geschnitten

400 g Champignons, in Scheiben geschnitten

Salz nach Geschmack

½ TL grob gemahlener schwarzer Pfeffer

25g Korianderblätter, gehackt

## Methode

- Öl in einer Pfanne erhitzen. Fügen Sie die grünen Chilis, den Knoblauch und die grüne Paprika hinzu. Bei mittlerer Hitze 1-2 Minuten braten.

- Champignons, Salz und Pfeffer hinzufügen. Gut mischen. Bei mittlerer Hitze anbraten, bis sie weich sind. Mit den Korianderblättern garnieren. Heiß servieren.

# Würziger Pilz mit Babymais

Für 4

## Zutaten

2 EL raffiniertes Pflanzenöl

1 TL Kreuzkümmelsamen

2 Lorbeerblätter

1 TL Ingwerpaste

2 grüne Chilis, fein gehackt

1 große Zwiebel, fein gehackt

200 g Champignons, halbiert

8-10 Baby Hühneraugen, gehackt

125 g Tomatenmark

½ TL Kurkuma

Salz nach Geschmack

½ TL Garam Masala

½ TL Zucker

10 g Korianderblätter, gehackt

**Methode**

- Das Öl in einem Topf erhitzen. Kreuzkümmel und Lorbeerblätter hinzufügen. Lassen Sie sie 15 Sekunden lang stottern.

- Ingwerpaste, grüne Chilis und Zwiebel hinzufügen. 1-2 Minuten anbraten.

- Die restlichen Zutaten bis auf die Korianderblätter hinzufügen. Gut mischen. Mit einem Deckel abdecken und bei schwacher Hitze 10 Minuten garen.

- Mit den Korianderblättern garnieren. Heiß servieren.

# Trockener würziger Blumenkohl

**Für 4**

## Zutaten

750 g Blumenkohlröschen

Salz nach Geschmack

Prise Kurkuma

4 Lorbeerblätter

750ml/1¼ Pints Wasser

2 EL raffiniertes Pflanzenöl

4 Nelken

4 grüne Kardamomkapseln

1 große Zwiebel, in Scheiben geschnitten

1 TL Ingwerpaste

1 TL Knoblauchpaste

1 TL Garam Masala

½ TL Chilipulver

¼ TL gemahlener schwarzer Pfeffer

10 Cashewnüsse, gemahlen

2 EL Joghurt

3 EL Tomatenmark

3 EL Butter

60ml/2fl oz Einzelcreme

## Methode

- Den Blumenkohl mit Salz, Kurkuma, Lorbeerblättern und Wasser in einem Topf bei mittlerer Hitze 10 Minuten kochen. Die Röschen abtropfen lassen und in einer ofenfesten Form anrichten. Beiseite legen.

- Das Öl in einem Topf erhitzen. Nelken und Kardamom hinzufügen. Lassen Sie sie 15 Sekunden lang stottern.

- Fügen Sie die Zwiebel-, Ingwer- und Knoblauchpaste hinzu. Eine Minute braten.

- Garam Masala, Chilipulver, Pfeffer und Cashewnüsse hinzufügen. 1-2 Minuten braten.

- Joghurt und Tomatenmark dazugeben. Gründlich mischen. Butter und Sahne dazugeben. Rühren Sie eine Minute lang. Von der Hitze nehmen.

- Diese über die Blumenkohlröschen gießen. Bei 150°C (300°F, Gas Stufe 2) im vorgeheizten Backofen 8-10 Minuten backen. Heiß servieren.

# Pilzcurry

Für 4

## Zutaten

3 EL raffiniertes Pflanzenöl

2 große Zwiebeln, gerieben

1 TL Ingwerpaste

1 TL Knoblauchpaste

½ TL Kurkuma

1 TL Chilipulver

1 TL gemahlener Koriander

400 g Champignons, geviertelt

200 g Erbsen

2 Tomaten, fein gehackt

½ TL Garam Masala

Salz nach Geschmack

20 Cashewnüsse, gemahlen

240ml/6fl oz Wasser

**Methode**

- Das Öl in einem Topf erhitzen. Fügen Sie die Zwiebeln hinzu. Braten Sie sie, bis sie braun sind.

- Ingwerpaste, Knoblauchpaste, Kurkuma, Chilipulver und gemahlenen Koriander hinzufügen. Bei mittlerer Hitze eine Minute anbraten.

- Fügen Sie die restlichen Zutaten hinzu. Gut mischen. Mit einem Deckel abdecken und 8-10 Minuten köcheln lassen. Heiß servieren.

# Baingan Bharta

*(Geröstete Aubergine)*

Für 4

## Zutaten

1 große Aubergine

3 EL raffiniertes Pflanzenöl

1 große Zwiebel, fein gehackt

3 grüne Chilis, längs geschlitzt

¼ TL Kurkuma

Salz nach Geschmack

½ TL Garam Masala

1 Tomate, fein gehackt

**Methode**

- Die Aubergine rundherum mit einer Gabel einstechen und 25 Minuten grillen. Nach dem Abkühlen die geröstete Haut wegwerfen und das Fruchtfleisch zerdrücken. Beiseite legen.

- Das Öl in einem Topf erhitzen. Fügen Sie die Zwiebel und die grünen Chilis hinzu. 2 Minuten bei mittlerer Hitze braten.

- Kurkuma, Salz, Garam Masala und Tomate hinzufügen. Gut mischen. 5 Minuten braten. Fügen Sie die zerdrückte Aubergine hinzu. Gut mischen.

- Bei schwacher Hitze 8 Minuten kochen lassen, dabei gelegentlich umrühren. Heiß servieren.

# Gemüse Hyderabadi

Für 4

## Zutaten

2 EL raffiniertes Pflanzenöl

½ TL Senfkörner

1 große Zwiebel, fein gehackt

400 g gefrorenes, gemischtes Gemüse

½ TL Kurkuma

Salz nach Geschmack

## Für die Gewürzmischung:

2,5 cm Ingwerwurzel

8 Knoblauchzehen

2 Nelken

2,5 cm Zimt

1 TL Bockshornkleesamen

3 grüne Chilis

4 EL frische Kokosnuss, gerieben

10 Cashewnüsse

**Methode**

- Alle Zutaten der Gewürzmischung zusammen mahlen. Beiseite legen.

- Das Öl in einem Topf erhitzen. Fügen Sie die Senfkörner hinzu. Lassen Sie sie 15 Sekunden lang stottern. Fügen Sie die Zwiebel hinzu und braten Sie, bis sie braun ist.

- Die restlichen Zutaten und die gemahlene Gewürzmischung hinzufügen. Gut mischen. Bei schwacher Hitze 8-10 Minuten kochen. Heiß servieren.

# Kaddu Bhaji*

*(Trockener roter Kürbis)*

Für 4

## Zutaten

3 EL raffiniertes Pflanzenöl

½ TL Kreuzkümmelsamen

¼ TL Bockshornkleesamen

600 g Kürbis, in dünne Scheiben geschnitten

Salz nach Geschmack

½ TL gerösteter gemahlener Kreuzkümmel

½ TL Chilipulver

¼ TL Kurkuma

1 TL Amchor*

1 TL Zucker

**Methode**

- Das Öl in einem Topf erhitzen. Kreuzkümmel und Bockshornkleesamen hinzufügen. Lassen Sie sie 15 Sekunden lang stottern. Kürbis und Salz hinzufügen. Gut mischen. Mit einem Deckel abdecken und bei mittlerer Hitze 8 Minuten garen.

- Aufdecken und mit der Rückseite eines Löffels leicht zerdrücken. Fügen Sie die restlichen Zutaten hinzu. Gut mischen. 5 Minuten kochen. Heiß servieren.

# Muthia nu Shak

*(Bockshornkleeknödel in Soße)*

Für 4

## Zutaten

200 g frische Bockshornkleeblätter, fein gehackt

Salz nach Geschmack

125 g Vollkornmehl

125 g Besan*

2 grüne Chilis, fein gehackt

1 TL Ingwerpaste

3 TL Zucker

Saft von 1 Zitrone

½ TL Garam Masala

½ TL Kurkuma

Prise Bikarbonat Soda

3 EL raffiniertes Pflanzenöl

½ TL Ajowansamen

½ TL Senfkörner

Prise Asafoetida

250ml/8fl oz Wasser

**Methode**

- Die Bockshornkleeblätter mit dem Salz mischen. 10 Minuten beiseite stellen. Drücken Sie die Feuchtigkeit aus.

- Bockshornkleeblätter mit Mehl, Besan, grünen Chilis, Ingwerpaste, Zucker, Zitronensaft, Garam Masala, Kurkuma und Natron mischen. Zu einem weichen Teig kneten.

- Den Teig in 30 walnussgroße Kugeln teilen. Etwas flach drücken, um die Muthias zu bilden. Beiseite legen.

- Das Öl in einem Topf erhitzen. Ajowansamen, Senfkörner und Asafoetida hinzufügen. Lassen Sie sie 15 Sekunden lang stottern.

- Fügen Sie die Muthias und das Wasser hinzu.

- Mit einem Deckel abdecken und 10-15 Minuten köcheln lassen. Heiß servieren.

# Kürbis Koot

*(Kürbis in Linsencurry)*

### Für 4

## Zutaten

50 g frische Kokosnuss, gerieben

1 TL Kreuzkümmelsamen

2 rote Chilis

150 g Mung-Dhal*, 30 Minuten eingeweicht und abgetropft

2 EL Chana-Dhal*

Salz nach Geschmack

500ml/16fl oz Wasser

2 EL raffiniertes Pflanzenöl

250g Kürbis, gewürfelt

¼ TL Kurkuma

**Methode**

- Kokosnuss, Kreuzkümmel und rote Chilis zu einer Paste mahlen. Beiseite legen.

- Mischen Sie die Dhals mit Salz und Wasser. Kochen Sie diese Mischung in einem Topf bei mittlerer Hitze 40 Minuten lang. Beiseite legen.

- Das Öl in einem Topf erhitzen. Kürbis, Kurkuma, gekochte Dhals und die Kokospaste hinzufügen. Gut mischen. 10 Minuten köcheln lassen. Heiß servieren.

# Rassa

*(Blumenkohl und Erbsen in Sauce)*

Für 4

## Zutaten

2 EL raffiniertes Pflanzenöl plus extra zum Frittieren

250g Blumenkohlröschen

2 EL frische Kokosnuss, gerieben

1cm Ingwerwurzel, zerdrückt

4-5 grüne Chilis, längs geschlitzt

2-3 Tomaten, fein gehackt

400 g gefrorene Erbsen

1 TL Zucker

Salz nach Geschmack

**Methode**

- Öl zum Frittieren in einem Topf erhitzen. Den Blumenkohl hinzufügen. Bei mittlerer Hitze goldbraun frittieren. Abgießen und beiseite stellen.
- Kokos, Ingwer, grüne Chilis und Tomaten mahlen. 2 EL Öl in einem Topf erhitzen. Diese Paste hinzufügen und 1-2 Minuten braten.
- Den Blumenkohl und die restlichen Zutaten dazugeben. Gut mischen. Bei schwacher Hitze 4-5 Minuten kochen. Heiß servieren.

# Doodhi Manpasand

*(Flaschenkürbis in Soße)*

Für 4

## Zutaten

3 EL raffiniertes Pflanzenöl

3 getrocknete rote Chilis

1 große Zwiebel, fein gehackt

500g/1lb 2oz Flaschenkürbis*, gehackt

¼ TL Kurkuma

2 TL gemahlener Koriander

1 TL gemahlener Kreuzkümmel

½ TL Chilipulver

½ TL Garam Masala

2,5 cm Ingwerwurzel, fein gehackt

2 Tomaten, fein gehackt

1 grüne Paprika, entkernt, entkernt und fein gehackt

Salz nach Geschmack

2 TL Korianderblätter, fein gehackt

**Methode**

- Das Öl in einem Topf erhitzen. Die roten Chilis und die Zwiebel 2 Minuten anbraten.
- Die restlichen Zutaten bis auf die Korianderblätter hinzufügen. Gut mischen. Bei schwacher Hitze 5-7 Minuten kochen. Mit den Korianderblättern garnieren. Heiß servieren.

# Tomaten Chokha

*(Tomatenkompott)*

Für 4

**Zutaten**

6 große Tomaten

2 EL raffiniertes Pflanzenöl

1 große Zwiebel, fein gehackt

8 Knoblauchzehen, fein gehackt

1 grüne Chili, fein gehackt

½ TL Chilipulver

10 g Korianderblätter, fein gehackt

Salz nach Geschmack

**Methode**

- Die Tomaten 10 Minuten grillen. Schälen und zu einem Brei zerdrücken. Beiseite legen.
- Das Öl in einem Topf erhitzen. Fügen Sie die Zwiebel, den Knoblauch und die grüne Chili hinzu. 2-3 Minuten braten. Fügen Sie die restlichen Zutaten und das Tomatenmark hinzu. Gut mischen. Mit einem Deckel abdecken und 5-6 Minuten kochen. Heiß servieren.

# Baingan Chokha

*(Auberginenkompott)*

Für 4

## Zutaten

1 große Aubergine

2 EL raffiniertes Pflanzenöl

1 kleine Zwiebel, gehackt

8 Knoblauchzehen, fein gehackt

1 grüne Chili, fein gehackt

1 Tomate, fein gehackt

60 g Maiskörner, gekocht

10 g Korianderblätter, fein gehackt

Salz nach Geschmack

## Methode

- Die Aubergine rundherum mit einer Gabel einstechen. 10-15 Minuten grillen. Schälen und zu einem Brei zerdrücken. Beiseite legen.
- Das Öl in einem Topf erhitzen. Fügen Sie die Zwiebel, den Knoblauch und die grüne Chili hinzu. Frittieren Sie sie bei mittlerer Hitze für 5 Minuten.

- Die restlichen Zutaten und das Auberginenmark dazugeben. Gut mischen. 3-4 Minuten kochen. Heiß servieren.

# Blumenkohl-Erbsen-Curry

Für 4

## Zutaten

3 EL raffiniertes Pflanzenöl

¼ TL Kurkuma

3 grüne Chilis, längs geschlitzt

1 TL gemahlener Koriander

2,5 cm Ingwerwurzel, gerieben

250g Blumenkohlröschen

400 g frische grüne Erbsen

60ml/2fl oz Wasser

Salz nach Geschmack

1 EL Korianderblätter, fein gehackt

## Methode

- Das Öl in einem Topf erhitzen. Kurkuma, grüne Chilis, gemahlenen Koriander und Ingwer dazugeben. Bei mittlerer Hitze eine Minute braten.
- Die restlichen Zutaten bis auf die Korianderblätter hinzufügen. Gut mischen 10 Minuten köcheln lassen.
- Mit den Korianderblättern garnieren. Heiß servieren.

# Aloo Methi ki Sabzi

*(Kartoffel- und Bockshornklee-Curry)*

Für 4

## Zutaten

100 g Bockshornkleeblätter, gehackt

Salz nach Geschmack

4 EL raffiniertes Pflanzenöl

1 TL Kreuzkümmelsamen

5-6 grüne Chilis

¼ TL Kurkuma

Prise Asafoetida

6 große Kartoffeln, gekocht und gehackt

## Methode

- Die Bockshornkleeblätter mit dem Salz mischen. 10 Minuten beiseite stellen.
- Das Öl in einem Topf erhitzen. Kreuzkümmel, Chilis und Kurkuma hinzufügen. Lassen Sie sie 15 Sekunden lang stottern.
- Fügen Sie die restlichen Zutaten und die Bockshornkleeblätter hinzu. Gut mischen. 8-10 Minuten bei schwacher Hitze kochen. Heiß servieren.

# Süß-sauer Karela

Für 4

## Zutaten

500 g bittere Kürbisse*

Salz nach Geschmack

750ml/1¼ Pints Wasser

1cm Ingwerwurzel

10 Knoblauchzehen

4 große Zwiebeln, gehackt

4 EL raffiniertes Pflanzenöl

Prise Asafoetida

½ TL Kurkuma

1 TL gemahlener Koriander

1 TL gemahlener Kreuzkümmel

1 TL Tamarindenpaste

2 EL Jaggery*, gerieben

**Methode**

- Die bitteren Kürbisse schälen. In Scheiben schneiden und 1 Stunde in Salzwasser einweichen. Spülen Sie das überschüssige Wasser aus und drücken Sie es aus. Waschen und beiseite stellen.
- Ingwer, Knoblauch und Zwiebeln zu einer Paste zermahlen. Beiseite legen.
- Das Öl in einem Topf erhitzen. Fügen Sie die Asafoetida hinzu. Lassen Sie es 15 Sekunden lang stottern. Fügen Sie die Ingwer-Zwiebel-Paste und die restlichen Zutaten hinzu. Gut mischen. 3-4 Minuten braten. Die bitteren Kürbisse hinzufügen. Gut mischen. Mit einem Deckel abdecken und bei schwacher Hitze 8-10 Minuten garen. Heiß servieren.

# Karela Koshimbir

*(Knusprig zerstoßener bitterer Kürbis)*

Für 4

## Zutaten

500 g bittere Kürbisse*, geschält

Salz nach Geschmack

Raffiniertes Pflanzenöl zum Braten

2 mittelgroße Zwiebeln, gehackt

50 g Korianderblätter, gehackt

3 grüne Chilis, fein gehackt

½ frische Kokosnuss, gerieben

1 EL Zitronensaft

## Methode

- Die bitteren Kürbisse in Scheiben schneiden. Mit Salz einreiben und 2-3 Stunden ruhen lassen.
- Das Öl in einem Topf erhitzen. Die bitteren Kürbisse dazugeben und bei mittlerer Hitze braun und knusprig braten. Abtropfen lassen, etwas abkühlen und mit den Fingern zerdrücken.

- Die restlichen Zutaten in einer Schüssel vermischen. Die Kürbisse dazugeben und noch warm servieren.

# Karela Curry

*(Bitteres Kürbis-Curry)*

**Für 4**

## Zutaten

½ Kokos

2 rote Chilis

1 TL Kreuzkümmelsamen

3 EL raffiniertes Pflanzenöl

1 Prise Asafoetida

2 große Zwiebeln, fein gehackt

2 grüne Chilis, fein gehackt

Salz nach Geschmack

½ TL Kurkuma

500 g bittere Kürbisse*, geschält und hackt

2 Tomaten, fein gehackt

**Methode**

- Die Hälfte der Kokosnuss reiben und den Rest hacken. Beiseite legen.
- Trockenbraten (siehe Kochtechniken) Kokosraspeln, rote Chilis und Kreuzkümmel. Abkühlen lassen und zu einer feinen Paste vermahlen. Beiseite legen.
- Öl in einer Pfanne erhitzen. Asafoetida, Zwiebeln, grüne Chilis, Salz, Kurkuma und gehackte Kokosnuss hinzufügen. 3 Minuten braten, dabei häufig umrühren.
- Die bitteren Kürbisse und Tomaten hinzufügen. 3-4 Minuten kochen.
- Fügen Sie die gemahlene Kokosnusspaste hinzu. 5-7 Minuten kochen und heiß servieren.

# Chili Blumenkohl

Für 4

## Zutaten

3 EL raffiniertes Pflanzenöl

5 cm Ingwerwurzel, fein gehackt

12 Knoblauchzehen, fein gehackt

1 Blumenkohl, in Röschen geschnitten

5 rote Chilis, geviertelt und entkernt

6 Frühlingszwiebeln, halbiert

3 Tomaten, blanchiert und gehackt

Salz nach Geschmack

## Methode

- Das Öl in einem Topf erhitzen. Ingwer und Knoblauch dazugeben. Bei mittlerer Hitze eine Minute braten.
- Blumenkohl und rote Chilis hinzufügen. 5 Minuten braten.
- Fügen Sie die restlichen Zutaten hinzu. Gut mischen. Bei schwacher Hitze 7-8 Minuten kochen. Heiß servieren.

# Nussiges Curry

Für 4

## Zutaten

4 EL Ghee

10 g Cashewnüsse

10 g Mandeln, blanchiert

10-12 Erdnüsse

5-6 Rosinen

10 Pistazien

10 Walnüsse, gehackt

2,5 cm Ingwerwurzel, gerieben

6 Knoblauchzehen, zerdrückt

4 kleine Zwiebeln, fein gehackt

4 Tomaten, fein gehackt

4 Datteln, entkernt und in Scheiben geschnitten

½ TL Kurkuma

125g/4½oz khoya*

1 TL Garam Masala

Salz nach Geschmack

75g/2½ Cheddarkäse, gerieben

1 EL Korianderblätter, gehackt

**Methode**

- Das Ghee in einer Pfanne erhitzen. Alle Nüsse dazugeben und bei mittlerer Hitze anbraten, bis sie goldbraun sind. Abgießen und beiseite stellen.
- In demselben Ghee Ingwer, Knoblauch und Zwiebeln braun braten.
- Die gebratenen Nüsse und alle restlichen Zutaten, außer dem Käse und den Korianderblättern, hinzufügen. Mit einem Deckel abdecken. Bei schwacher Hitze 5 Minuten kochen.
- Mit Käse und Korianderblättern garnieren. Heiß servieren.

# Daikon verlässt Bhaaji

Für 4

## Zutaten

2 EL raffiniertes Pflanzenöl

¼ TL gemahlener Kreuzkümmel

2 rote Chilis, in Stücke gebrochen

Prise Asafoetida

400 g Daikon-Blätter*, gehackt

300 g Chana-Dhal*, 1 Stunde eingeweicht

1 TL Jaggery*, gerieben

¼ TL Kurkuma

Salz nach Geschmack

## Methode

- Das Öl in einem Topf erhitzen. Kreuzkümmel, rote Chilis und Asafoetida hinzufügen.
- Lassen Sie sie 15 Sekunden lang stottern. Fügen Sie die restlichen Zutaten hinzu. Gut mischen. Bei schwacher Hitze 10-15 Minuten kochen. Heiß servieren.

# Chole Aloo

*(Kichererbsen-Kartoffel-Curry)*

**Für 4**

## Zutaten

500 g Kichererbsen, über Nacht eingeweicht

Prise Bikarbonat Soda

Salz nach Geschmack

1 Liter / 1¾ Pints Wasser

3 EL Ghee

2,5 cm Ingwerwurzel, Julienned

2 große Zwiebeln, gerieben, plus 1 kleine Zwiebel, in Scheiben geschnitten

2 Tomaten, gewürfelt

1 TL Garam Masala

1 TL Kreuzkümmel gemahlen, trocken geröstet (siehe Kochtechniken)

½ TL gemahlener grüner Kardamom

½ TL Kurkuma

2 große Kartoffeln, gekocht und gewürfelt

2 TL Tamarindenpaste

1 EL Korianderblätter, gehackt

**Methode**

- Die Kichererbsen mit Natron, Salz und Wasser in einem Topf bei mittlerer Hitze 45 Minuten kochen. Abgießen und beiseite stellen.
- Das Ghee in einem Topf erhitzen. Ingwer und geriebene Zwiebeln dazugeben. Braten, bis sie durchscheinend sind. Fügen Sie die restlichen Zutaten hinzu, außer den Korianderblättern und der in Scheiben geschnittenen Zwiebel. Gut mischen. Die Kichererbsen dazugeben und 7-8 Minuten kochen.
- Mit den Korianderblättern und der geschnittenen Zwiebel garnieren. Heiß servieren.

# Erdnuss-Curry

Für 4

## Zutaten

1 TL Mohn

1 TL Koriandersamen

1 TL Kreuzkümmelsamen

2 rote Chilis

25g frische Kokosnuss, gerieben

3 EL Ghee

2 kleine Zwiebeln, gerieben

900 g Erdnüsse, zerstoßen

1 TL Amchor*

½ TL Kurkuma

1 große Tomate, blanchiert und gehackt

2 TL Jaggery*, gerieben

500ml/16fl oz Wasser

Salz nach Geschmack

15 g Korianderblätter, gehackt

**Methode**

- Mohn, Koriander, Kreuzkümmel, rote Chilis und Kokos zu einer feinen Paste mahlen. Beiseite legen.
- Das Ghee in einem Topf erhitzen. Fügen Sie die Zwiebeln hinzu. Braten, bis sie durchscheinend sind.
- Fügen Sie die gemahlene Paste und die restlichen Zutaten, außer den Korianderblättern, hinzu. Gut mischen. 7-8 Minuten köcheln lassen.
- Mit den Korianderblättern garnieren. Heiß servieren.

# Französische Bohnen Upkari

*(Französische Bohnen mit Kokosnuss)*

**Für 4**

## Zutaten

1 EL raffiniertes Pflanzenöl

½ TL Senfkörner

½ TL Urad Dhal*

2-3 rote Chilis, gebrochen

500g / 1lb 2oz Bohnen, gehackt

1 TL Jaggery*, gerieben

Salz nach Geschmack

25g frische Kokosnuss, gerieben

## Methode

- Das Öl in einem Topf erhitzen. Fügen Sie die Senfkörner hinzu. Lassen Sie sie 15 Sekunden lang stottern.
- Fügen Sie das Dhal hinzu. goldbraun braten. Fügen Sie die restlichen Zutaten hinzu, außer der Kokosnuss. Gut mischen. Bei schwacher Hitze 8-10 Minuten kochen.
- Mit der Kokosnuss garnieren. Heiß servieren.

# Karatey Ambadey

*(Bitterer Kürbis und unreifes Mango-Curry)*

Für 4

## Zutaten

250g bitterer Kürbis*, geschnitten

Salz nach Geschmack

60 g Jaggery*, gerieben

1 TL raffiniertes Pflanzenöl

4 trockene rote Chilis

1 TL Urad Dhal*

1 TL Bockshornkleesamen

2 TL Koriandersamen

50 g frische Kokosnuss, gerieben

¼ TL Kurkuma


4 kleine unreife Mangos

**Methode**

- Die bitteren Kürbisstücke mit dem Salz einreiben. Eine Stunde beiseite stellen.
- Drücken Sie das Wasser aus den Kürbisstücken. Kochen Sie sie in einem Topf mit dem Jaggery bei mittlerer Hitze für 4-5 Minuten. Beiseite legen.
- Das Öl in einem Topf erhitzen. Fügen Sie die roten Chilis, Dhal, Bockshornklee und Koriandersamen hinzu. Eine Minute braten. Den bitteren Kürbis und die restlichen Zutaten hinzufügen. Gut mischen. Bei schwacher Hitze 4-5 Minuten kochen. Heiß servieren.

# Kadhai Paneer

*(Würziger Paneer)*

Für 4

## Zutaten

2 EL raffiniertes Pflanzenöl

1 große Zwiebel, in Scheiben geschnitten

3 große grüne Paprika, fein gehackt

500g/1lb 2oz Paneer*, in 2,5 cm große Stücke geschnitten

1 Tomate, fein gehackt

¼ TL Koriander gemahlen, trocken geröstet (siehe Kochtechniken)

Salz nach Geschmack

10 g Korianderblätter, gehackt

## Methode

- Das Öl in einem Topf erhitzen. Zwiebel und Paprika dazugeben. Bei mittlerer Hitze 2-3 Minuten braten.
- Die restlichen Zutaten bis auf die Korianderblätter hinzufügen. Gut mischen. Bei schwacher Hitze 5 Minuten kochen. Mit den Korianderblättern garnieren. Heiß servieren.

# Kathirikkai Vangi

*(südindisches Auberginen-Curry)*

Für 4

## Zutaten

150 g Masoor Dhal*

Salz nach Geschmack

¼ TL Kurkuma

500ml/16fl oz Wasser


250 g dünne Auberginen, in Scheiben geschnitten

1 TL raffiniertes Pflanzenöl

¼ TL Senfkörner

1 TL Tamarindenpaste

8-10 Curryblätter

1 TL Sambhar-Pulver*

**Methode**

- Mischen Sie das Masoor Dhal mit Salz, einer Prise Kurkuma und der Hälfte des Wassers. In einem Topf bei mittlerer Hitze 40 Minuten kochen. Beiseite legen.
- Die Auberginen mit Salz und restlichem Kurkuma und Wasser in einem anderen Topf bei mittlerer Hitze 20 Minuten kochen. Beiseite legen.
- Das Öl in einem Topf erhitzen. Fügen Sie die Senfkörner hinzu. Lassen Sie sie 15 Sekunden lang stottern. Fügen Sie die restlichen Zutaten, das Dhal und die Aubergine hinzu. Gut mischen. 6-7 Minuten köcheln lassen. Heiß servieren.

# Pitla

*(Würziges Gram-Mehl-Curry)*

Für 4

## Zutaten

250g Besan*

500ml/16fl oz Wasser

2 EL raffiniertes Pflanzenöl

¼ TL Senfkörner

2 große Zwiebeln, fein gehackt

6 Knoblauchzehen, zerdrückt

2 EL Tamarindenpaste

1 TL Garam Masala

Salz nach Geschmack

1 EL Korianderblätter, gehackt

**Methode**

- Besan und Wasser vermischen. Beiseite legen.
- Das Öl in einem Topf erhitzen. Fügen Sie die Senfkörner hinzu. Lassen Sie sie 15 Sekunden lang stottern. Zwiebeln und Knoblauch dazugeben. braten, bis die Zwiebeln braun sind.
- Fügen Sie die Besanpaste hinzu. Bei schwacher Hitze kochen, bis es zu kochen beginnt.
- Fügen Sie die restlichen Zutaten hinzu. 5 Minuten köcheln lassen. Heiß servieren.

# Blumenkohl Masala

Für 4

## Zutaten

1 großer Blumenkohl, parboiled (siehe Kochtechniken) in Salzwasser

3 EL raffiniertes Pflanzenöl

2 EL Korianderblätter, fein gehackt

1 TL gemahlener Koriander

½ TL gemahlener Kreuzkümmel

¼ TL gemahlener Ingwer

Salz nach Geschmack

120ml/4fl oz Wasser

## Für die Soße:

200g Joghurt

1 EL Besan*, trocken geröstet (siehe Kochtechniken)

¾ TL Chilipulver

**Methode**

- Blumenkohl abgießen und in Röschen teilen.
- 2 EL Öl in einer Pfanne erhitzen. Den Blumenkohl dazugeben und bei mittlerer Hitze goldbraun braten. Beiseite legen.
- Alle Saucenzutaten miteinander vermischen.
- 1 EL Öl in einem Topf erhitzen und diese Mischung hinzufügen. Eine Minute braten.
- Mit einem Deckel abdecken und 8-10 Minuten köcheln lassen.
- Den Blumenkohl hinzufügen. Gut mischen. 5 Minuten köcheln lassen.
- Mit den Korianderblättern garnieren. Heiß servieren.

# Shukna Kacha Pepe

*(Grünes Papaya-Curry)*

Für 4

## Zutaten

150 g Chana-Dhal*, über Nacht eingeweicht, abgetropft und zu einer Paste gemahlen

3 EL raffiniertes Pflanzenöl plus zum Frittieren

2 ganze trockene rote Chilis

½ TL Bockshornkleesamen

½ TL Senfkörner

1 unreife Papaya, geschält und gerieben

1 TL Kurkuma

1 EL Zucker

Salz nach Geschmack

**Methode**

- Teilen Sie die Dhal-Paste in walnussgroße Kugeln. In dünne Scheiben plattdrücken.
- Öl zum Frittieren in einer Pfanne erhitzen. Fügen Sie die Discs hinzu. Bei mittlerer Hitze goldbraun frittieren. Abgießen und in kleine Stücke brechen. Beiseite legen.
- Restliches Öl in einem Topf erhitzen. Chilis, Bockshornklee und Senfkörner dazugeben. Lassen Sie sie 15 Sekunden lang stottern.
- Fügen Sie die restlichen Zutaten hinzu. Gut mischen. Mit einem Deckel abdecken und bei schwacher Hitze 8-10 Minuten garen. Fügen Sie die Dhal-Stücke hinzu. Gut mischen und servieren.

# Trockene Okra

Für 4

## Zutaten

3 EL Senföl

½ TL Kalonji-Samen*

750 g Okraschote, längs geschlitzt

Salz nach Geschmack

½ TL Chilipulver

½ TL Kurkuma

2 TL Zucker

3 TL gemahlener Senf

1 EL Tamarindenpaste

## Methode

- Das Öl in einem Topf erhitzen. Zwiebelkerne und Okraschoten 5 Minuten anbraten.
- Fügen Sie Salz, Chilipulver, Kurkuma und Zucker hinzu. Mit einem Deckel abdecken. Bei schwacher Hitze 10 Minuten kochen.
- Fügen Sie die restlichen Zutaten hinzu. Gut mischen. 2-3 Minuten kochen. Heiß servieren.

# Moghlai Blumenkohl

Für 4

## Zutaten

5cm Ingwerwurzel

2 TL Kreuzkümmelsamen

6-7 schwarze Pfefferkörner

500 g Blumenkohlröschen

Salz nach Geschmack

2 EL Ghee

2 Lorbeerblätter

200g Joghurt

500 ml Kokosmilch

1 TL Zucker

## Methode

- Ingwer, Kreuzkümmel und Pfefferkörner zu einer feinen Paste mahlen.
- Marinieren Sie die Blumenkohlröschen mit dieser Paste und salzen Sie sie 20 Minuten lang.
- Das Ghee in einer Pfanne erhitzen. Fügen Sie die Röschen hinzu. goldbraun braten. Fügen Sie die restlichen Zutaten hinzu. Gut mischen. Mit einem Deckel abdecken und 7-8 Minuten köcheln lassen. Heiß servieren.

# Bhapa Shorshe Baingan

*(Auberginen in Senfsauce)*

Für 4

## Zutaten

2 lange Auberginen

Salz nach Geschmack

¼ TL Kurkuma

3 EL raffiniertes Pflanzenöl

3 EL Senföl

2–3 EL fertiger Senf

1 EL Korianderblätter, fein gehackt

1-2 grüne Chilis, fein gehackt

**Methode**

- Jede Aubergine längs in 8-12 Stücke schneiden. Mit Salz und Kurkuma 5 Minuten marinieren.
- Das Öl in einem Topf erhitzen. Die Auberginenscheiben dazugeben und mit einem Deckel abdecken. 3-4 Minuten bei mittlerer Hitze kochen, dabei gelegentlich wenden.
- Senföl mit dem Fertigsenf verquirlen und zu den Auberginen geben. Gut mischen. Bei mittlerer Hitze eine Minute kochen.
- Mit Korianderblättern und grünen Chilis garnieren. Heiß servieren.

# Gebackenes Gemüse in pikanter Sauce

Für 4

## Zutaten

2 EL Butter

4 Knoblauchzehen, fein gehackt

1 große Zwiebel, fein gehackt

1 EL weißes Mehl

200 g gefrorenes gemischtes Gemüse

Salz nach Geschmack

1 TL Chilipulver

1 TL Senfpaste

250ml/8fl oz Ketchup

4 große Kartoffeln, gekocht und in Scheiben geschnitten

250ml/8fl oz weiße Soße

4 EL geriebener Cheddarkäse

**Methode**

- Die Butter in einem Topf erhitzen. Knoblauch und Zwiebel hinzufügen. Braten, bis sie durchscheinend sind. Fügen Sie das Mehl hinzu und braten Sie es eine Minute lang.
- Gemüse, Salz, Chilipulver, Senfpaste und Ketchup hinzufügen. Bei mittlerer Hitze 4-5 Minuten kochen. Beiseite legen.
- Eine Auflaufform einfetten. Die Gemüsemischung und die Kartoffeln abwechselnd in Schichten anrichten. Gießen Sie die weiße Soße und den Käse darüber.
- Im Backofen bei 200 °C (400 °F, Gas Stufe 6) 20 Minuten backen. Heiß servieren.

# Leckerer Tofu

Für 4

## Zutaten

2 EL raffiniertes Pflanzenöl

3 kleine Zwiebeln, gerieben

1 TL Ingwerpaste

1 TL Knoblauchpaste

3 Tomaten, püriert

50 g griechischer Joghurt, verquirlt

400 g Tofu, in 2,5 cm große Stücke geschnitten

25g Korianderblätter, fein gehackt

Salz nach Geschmack

## Methode

- Das Öl in einem Topf erhitzen. Fügen Sie die Zwiebeln, Ingwerpaste und Knoblauchpaste hinzu. 5 Minuten bei mittlerer Hitze braten.
- Fügen Sie die restlichen Zutaten hinzu. Gut mischen. 3-4 Minuten köcheln lassen. Heiß servieren.

# Aloo Baingan

*(Kartoffel-Auberginen-Curry)*

Für 4

**Zutaten**

3 EL raffiniertes Pflanzenöl

1 TL Senfkörner

½ TL Asafoetida

1cm Ingwerwurzel, fein gehackt

4 grüne Chilis, längs geschlitzt

10 Knoblauchzehen, fein gehackt

6 Curryblätter

½ TL Kurkuma

3 große Kartoffeln, gekocht und gewürfelt

250 g Auberginen, gehackt

½ TL Amchoor*

Salz nach Geschmack

**Methode**

- Das Öl in einem Topf erhitzen. Senfkörner und Asafoetida hinzufügen. Lassen Sie sie 15 Sekunden lang stottern.
- Ingwer, grüne Chilis, Knoblauch und Curryblätter dazugeben. 1 Minute unter ständigem Rühren braten.
- Fügen Sie die restlichen Zutaten hinzu. Gut mischen. Mit einem Deckel abdecken und 10-12 Minuten köcheln lassen. Heiß servieren.

# Zuckerschoten-Curry

Für 4

## Zutaten

500g / 1lb 2oz Zuckerschoten

2 EL raffiniertes Pflanzenöl

1 TL Ingwerpaste

1 große Zwiebel, fein gehackt

2 große Kartoffeln, geschält und gewürfelt

½ TL Kurkuma

½ TL Garam Masala

½ TL Chilipulver

1 TL Zucker

2 große Tomaten, gewürfelt

Salz nach Geschmack

## Methode

- Schälen Sie die Fäden von den Rändern der Erbsenschoten. Hacken Sie die Schoten. Beiseite legen.
- Das Öl in einem Topf erhitzen. Fügen Sie die Ingwerpaste und die Zwiebel hinzu. Braten, bis sie durchscheinend sind. Fügen Sie die restlichen Zutaten und die Schoten hinzu. Gut mischen. Mit einem Deckel

abdecken und bei schwacher Hitze 7-8 Minuten garen. Heiß servieren.

# Kartoffel-Kürbis-Curry

Für 4

## Zutaten

2 EL raffiniertes Pflanzenöl

1 TL Panch Phoron*

Prise Asafoetida

1 getrocknete rote Chili, in Stücke gebrochen

1 Lorbeerblatt

4 große Kartoffeln, gewürfelt

200g Kürbis, gewürfelt

½ TL Ingwerpaste

½ TL Knoblauchpaste

1 TL gemahlener Kreuzkümmel

1 TL gemahlener Koriander

¼ TL Kurkuma

½ TL Garam Masala

1 TL Amchor*

500ml/16fl oz Wasser

Salz nach Geschmack

**Methode**

- Das Öl in einem Topf erhitzen. Fügen Sie das Panch-Phoron hinzu. Lassen Sie sie 15 Sekunden lang stottern.
- Asafoetida, rote Chilistücke und das Lorbeerblatt hinzufügen. Eine Minute braten.
- Fügen Sie die restlichen Zutaten hinzu. Gut mischen. 10-12 Minuten köcheln lassen. Heiß servieren.

# Ei Thoran

*(Würziges Rührei)*

Für 4

## Zutaten

60ml/2fl oz raffiniertes Pflanzenöl

¼ TL Senfkörner

2 Zwiebeln, fein gehackt

1 große Tomate, fein gehackt

1 TL frisch gemahlener schwarzer Pfeffer

Salz nach Geschmack

4 Eier, verquirlt

25g frische Kokosnuss, gerieben

50 g Korianderblätter, gehackt

**Methode**

- Öl in einem Topf erhitzen und Senfkörner anbraten. Lassen Sie sie 15 Sekunden lang stottern. Fügen Sie die Zwiebeln hinzu und braten Sie, bis sie braun sind. Tomate, Pfeffer und Salz hinzufügen. 2-3 Minuten braten.
- Fügen Sie die Eier hinzu. Bei schwacher Hitze kochen, dabei ständig rühren.
- Mit Kokos- und Korianderblättern garnieren. Heiß servieren.

# Baingan Lajawab

*(Aubergine mit Blumenkohl)*

**Für 4**

## Zutaten

4 große Auberginen

2 EL raffiniertes Pflanzenöl plus extra zum Frittieren

1 TL Kreuzkümmelsamen

½ TL Kurkuma

2,5 cm Ingwerwurzel, gemahlen

2 grüne Chilis, fein gehackt

1 TL Amchor*

Salz nach Geschmack

100 g gefrorene Erbsen

**Methode**

- Jede Aubergine der Länge nach aufschlitzen und das Fruchtfleisch herauskratzen.
- Erhitze das Öl. Die Auberginenschalen hinzufügen. 2 Minuten frittieren. Beiseite legen.
- 2 EL Öl in einem Topf erhitzen. Kreuzkümmel und Kurkuma hinzufügen. Lassen Sie sie 15 Sekunden lang stottern. Die restlichen Zutaten und das Auberginenfleisch hinzufügen. Leicht zerdrücken und bei schwacher Hitze 5 Minuten kochen.
- Die Auberginenschalen vorsichtig mit dieser Mischung füllen. 3-4 Minuten grillen. Heiß servieren.

# Gemüse Bahar

*(Gemüse in einer nussigen Sauce)*

**Für 4**

## Zutaten

3 EL raffiniertes Pflanzenöl

1 große Zwiebel, fein gehackt

2 große Tomaten, fein gehackt

1 TL Ingwerpaste

1 TL Knoblauchpaste

20 Cashewnüsse, gemahlen

2 EL Walnüsse, gemahlen

2 EL Mohn

200g Joghurt

100 g gefrorenes gemischtes Gemüse

1 TL Garam Masala

Salz nach Geschmack

**Methode**

- Das Öl in einem Topf erhitzen. Fügen Sie die Zwiebel hinzu. Bei mittlerer Hitze braun braten. Tomaten, Ingwerpaste, Knoblauchpaste, Cashewnüsse, Walnüsse und Mohn zugeben. 3-4 Minuten braten.
- Fügen Sie die restlichen Zutaten hinzu. 7-8 Minuten kochen. Heiß servieren.

# Gefülltes Gemüse

Für 4

## Zutaten

4 kleine Kartoffeln

100 g Okra

4 kleine Auberginen

4 EL raffiniertes Pflanzenöl

½ TL Senfkörner

Prise Asafoetida

## Für die Füllung:

250g Besan*

1 TL gemahlener Koriander

1 TL gemahlener Kreuzkümmel

½ TL Kurkuma

1 TL Chilipulver

1 TL Garam Masala

Salz nach Geschmack

**Methode**

- Alle Zutaten für die Füllung miteinander vermischen. Beiseite legen.
- Kartoffeln, Okraschoten und Auberginen aufschneiden. Mit der Füllung füllen. Beiseite legen.
- Das Öl in einem Topf erhitzen. Senfkörner und Asafoetida hinzufügen. Lassen Sie sie 15 Sekunden lang stottern. Das gefüllte Gemüse dazugeben. Mit einem Deckel abdecken und bei schwacher Hitze 8-10 Minuten garen. Heiß servieren.

# Singhi Aloo

*(Trommelsticks mit Kartoffeln)*

Für 4

## Zutaten

5 EL raffiniertes Pflanzenöl

3 kleine Zwiebeln, fein gehackt

3 grüne Chilis, fein gehackt

2 große Tomaten, fein gehackt

2 TL gemahlener Koriander

Salz nach Geschmack

5 indische Trommelstöcke*, in 7,5 cm große Stücke geschnitten

2 große Kartoffeln, gehackt

360ml/12fl oz Wasser

## Methode

- Das Öl in einem Topf erhitzen. Fügen Sie die Zwiebeln und Chilis hinzu. Frittieren Sie sie eine Minute lang bei schwacher Hitze.
- Tomaten, gemahlenen Koriander und Salz hinzufügen. 2-3 Minuten braten.

- Die Trommelstöcke, Kartoffeln und Wasser hinzufügen. Gut mischen. 10-12 Minuten köcheln lassen. Heiß servieren.

# Sindhi-Curry

Für 4

## Zutaten

150 g Masoor Dhal*

Salz nach Geschmack

1 Liter / 1¾ Pints Wasser

4 Tomaten, fein gehackt

5 EL raffiniertes Pflanzenöl

½ TL Kreuzkümmelsamen

¼ TL Bockshornkleesamen

8 Curryblätter

3 grüne Chilis, längs geschlitzt

¼ TL Asafoetida

4 EL Besan*

½ TL Chilipulver

½ TL Kurkuma

8 Okras, längs geschlitzt

10 Bohnen, gewürfelt

6-7 kokum*

1 große Karotte, Julienne

1 große Kartoffel, gewürfelt

**Methode**

- Mischen Sie das Dhal mit Salz und Wasser. Diese Mischung in einem Topf bei mittlerer Hitze 45 Minuten kochen lassen, dabei gelegentlich umrühren.
- Tomaten dazugeben und 7-8 Minuten köcheln lassen. Beiseite legen.
- Das Öl in einem Topf erhitzen. Kreuzkümmel- und Bockshornkleesamen, Curryblätter, grüne Chilis und Asafoetida hinzufügen. Lassen Sie sie 30 Sekunden lang stottern.
- Besan hinzufügen. Unter ständigem Rühren eine Minute braten.
- Fügen Sie die restlichen Zutaten und die Dhal-Mischung hinzu. Gründlich mischen. 10 Minuten köcheln lassen. Heiß servieren.

# Gulnar Köfta

*(Paneer Kugeln in Spinat)*

Für 4

## Zutaten

150 g gemischte Trockenfrüchte

200g Khoya*

4 große Kartoffeln, gekocht und püriert

150 g Paneer*, zerbröckelt

100 g Cheddar-Käse

2 TL Maisstärke

Raffiniertes Pflanzenöl zum Frittieren

2 TL Butter

100 g Spinat, fein gehackt

1 TL Einzelrahm

Salz nach Geschmack

## Für die Gewürzmischung:

2 Nelken

1cm Zimt

3 schwarze Pfefferkörner

**Methode**

- Mischen Sie die Trockenfrüchte mit dem Khoya. Beiseite legen.
- Alle Zutaten der Gewürzmischung zusammen mahlen. Beiseite legen.
- Kartoffeln, Paneer, Käse und Maisstärke zu einem Teig mischen. Den Teig in walnussgroße Kugeln teilen und zu Scheiben flach drücken. Auf jede Scheibe eine Portion der trockenen Frucht-Khoya-Mischung geben und wie ein Beutel verschließen.
- Für die Koftas zu walnussgroßen Kugeln formen. Beiseite legen.
- Öl in einer Pfanne erhitzen. Fügen Sie die Koftas hinzu und braten Sie sie bei mittlerer Hitze, bis sie goldbraun sind. Abtropfen lassen und in einer Servierschale beiseite stellen.
- Die Butter in einem Topf erhitzen. Die gemahlene Gewürzmischung dazugeben. Eine Minute braten.
- Den Spinat dazugeben und 2-3 Minuten kochen lassen.
- Sahne und Salz hinzufügen. Gut mischen. Gießen Sie diese Mischung über die Koftas. Heiß servieren.

# Paneer Korma

*(Rich-Paneer-Curry)*

**Für 4**

## Zutaten

500g/1lb 2oz Paneer*

3 EL raffiniertes Pflanzenöl

1 große Zwiebel, gehackt

2,5 cm Ingwerwurzel, Julienned

8 Knoblauchzehen, zerdrückt

2 grüne Chilis, fein gehackt

1 große Tomate, fein gehackt

¼ TL Kurkuma

½ TL gemahlener Koriander

½ TL gemahlener Kreuzkümmel

1 TL Chilipulver

½ TL Garam Masala

125 g Joghurt

Salz nach Geschmack

250ml/8fl oz Wasser

2 EL Korianderblätter, fein gehackt

**Methode**

- Die Hälfte des Paneers reiben und den Rest in 2,5 cm große Stücke schneiden.
- Öl in einer Pfanne erhitzen. Fügen Sie die Paneer-Stücke hinzu. Frittieren Sie sie bei mittlerer Hitze, bis sie goldbraun werden. Abgießen und beiseite stellen.
- In demselben Öl Zwiebel, Ingwer, Knoblauch und grüne Chilis bei mittlerer Hitze 2-3 Minuten anbraten.
- Fügen Sie die Tomate hinzu. 2 Minuten braten.
- Kurkuma, gemahlenen Koriander, gemahlenen Kreuzkümmel, Chilipulver und Garam Masala hinzufügen. Gut mischen. 2-3 Minuten braten.
- Joghurt, Salz und Wasser dazugeben. Gut mischen. 8-10 Minuten köcheln lassen.
- Die frittierten Paneer-Stücke hinzufügen. Gut mischen. 5 Minuten köcheln lassen.
- Mit geriebenem Paneer und Korianderblättern garnieren. Heiß servieren.

# Chutney-Kartoffeln

Für 4

## Zutaten

100 g Korianderblätter, fein gehackt

4 grüne Chilis

2,5 cm Ingwerwurzel

7 Knoblauchzehen

25g frische Kokosnuss, gerieben

1 EL Zitronensaft

1 TL Kreuzkümmelsamen

1 TL Koriandersamen

½ TL Kurkuma

½ TL Chilipulver

Salz nach Geschmack

750g/1lb 10oz große Kartoffeln, geschält und in Scheiben geschnitten

4 EL raffiniertes Pflanzenöl

¼ TL Senfkörner

**Methode**

- Korianderblätter, grüne Chilis, Ingwer, Knoblauch, Kokosnuss, Zitronensaft, Kreuzkümmel und Koriandersamen mischen. Mahlen Sie diese Mischung zu einer feinen Paste.
- Diese Paste mit Kurkuma, Chilipulver und Salz mischen.
- Mit dieser Mischung die Kartoffeln 30 Minuten marinieren.
- Das Öl in einem Topf erhitzen. Fügen Sie die Senfkörner hinzu. Lassen Sie sie 15 Sekunden lang stottern.
- Fügen Sie die Kartoffeln hinzu. Kochen Sie sie 8-10 Minuten bei schwacher Hitze und rühren Sie gelegentlich um. Heiß servieren.

# Lobia

*(Black Eyed Peas Curry)*

Für 4

## Zutaten

400g Schwarzaugenerbsen, über Nacht eingeweicht

Prise Bikarbonat Soda

Salz nach Geschmack

1,4 Liter/2½ Pints Wasser

1 große Zwiebel

4 Knoblauchzehen

3 EL Ghee

2 TL gemahlener Koriander

1 TL gemahlener Kreuzkümmel

1 TL Amchor*

½ TL Garam Masala

½ TL Chilipulver

¼ TL Kurkuma

2 Tomaten, gewürfelt

3 grüne Chilis, fein gehackt

2 EL Korianderblätter,

fein gehackt

**Methode**

- Mischen Sie die Schwarzaugenerbsen mit Natron, Salz und 1,2 Liter Wasser. Kochen Sie diese Mischung in einem Topf bei mittlerer Hitze 45 Minuten lang. Abgießen und beiseite stellen.
- Zwiebel und Knoblauch zu einer Paste mahlen.
- Das Ghee in einem Topf erhitzen. Fügen Sie die Paste hinzu und braten Sie sie bei mittlerer Hitze, bis sie braun wird.
- Die gekochten Schwarzaugenerbsen, das restliche Wasser und alle restlichen Zutaten außer den Korianderblättern hinzufügen. 8-10 Minuten köcheln lassen.
- Mit den Korianderblättern garnieren. Heiß servieren.

# Khatta Meetha Gemüse

*(süßes und saures Gemüse)*

**Für 4**

## Zutaten

1 EL Mehl

1 EL Malzessig

2 EL Zucker

50 g Kohl, fein gehackt in lange Streifen

1 große grüne Paprika, in Streifen geschnitten

1 große Karotte, in Streifen geschnitten

50 g französische Bohnen, geschnitten und gehackt

100 g Babymais

1 EL raffiniertes Pflanzenöl

½ TL Ingwerpaste

½ TL Knoblauchpaste

2-3 grüne Chilis, fein gehackt

4-5 Frühlingszwiebeln, fein gehackt

125 g Tomatenmark

120ml/8fl oz Ketchup

Salz nach Geschmack

10 g Korianderblätter, fein gehackt

## Methode

- Mehl mit Essig und Zucker mischen. Beiseite legen.
- Kohl, grüne Paprika, Karotte, französische Bohnen und Babymais mischen. Dampf (siehe<u>Kochtechniken</u>) diese Mischung 10 Minuten in einem Dampfgarer. Beiseite legen.
- Das Öl in einem Topf erhitzen. Ingwerpaste, Knoblauchpaste und Chilis hinzufügen. 30 Sekunden braten.
- Fügen Sie die Frühlingszwiebeln hinzu. 1-2 Minuten braten.
- Das gedünstete Gemüse und das Tomatenpüree, Ketchup und Salz hinzufügen. Bei schwacher Hitze 5-6 Minuten kochen.
- Fügen Sie die Mehlpaste hinzu. 3-4 Minuten kochen.
- Mit den Korianderblättern garnieren. Heiß servieren.

# Dahiwale Chhole

*(Kichererbse in Joghurtsauce)*

Für 4

## Zutaten

500 g Kichererbsen, über Nacht eingeweicht

Prise Bikarbonat Soda

Salz nach Geschmack

1 Liter / 1¾ Pints Wasser

3 EL Ghee

2 große Zwiebeln, gerieben

1 TL Ingwer, gerieben

150 g Joghurt

1 TL Garam Masala

1 TL Kreuzkümmel gemahlen, trocken geröstet (siehe <u>Kochtechniken</u>)

½ TL Chilipulver

¼ TL Kurkuma

1 TL Amchor<u>*</u>

½ EL Cashewkerne

½ EL Rosinen

**Methode**

- Kichererbsen mit Natron, Salz und Wasser vermischen. Kochen Sie diese Mischung in einem Topf bei mittlerer Hitze 45 Minuten lang. Abgießen und beiseite stellen.
- Das Ghee in einem Topf erhitzen. Zwiebeln und Ingwer dazugeben. Bei mittlerer Hitze braten, bis die Zwiebeln glasig sind.
- Die Kichererbsen und die restlichen Zutaten, außer den Cashewnüssen und Rosinen, dazugeben. Gut mischen. Bei schwacher Hitze 7-8 Minuten kochen.
- Mit Cashewkernen und Rosinen garnieren. Heiß servieren.

# Teekha Papad Bhaji*

*(Scharfes Poppadam-Gericht)*

Für 4

## Zutaten

1 EL raffiniertes Pflanzenöl

¼ TL Senfkörner

¼ TL Kreuzkümmelsamen

¼ TL Bockshornkleesamen

2 TL gemahlener Koriander

3 TL Zucker

Salz nach Geschmack

250ml/8fl oz Wasser

6 Poppadams, in Stücke gebrochen

1 EL Korianderblätter, gehackt

## Methode

- Das Öl in einem Topf erhitzen. Senf, Kreuzkümmel und Bockshornkleesamen, gemahlenen Koriander, Zucker und Salz hinzufügen. Lassen Sie sie 30 Sekunden lang stottern. Wasser hinzufügen und 3-4 Minuten köcheln lassen.

- Fügen Sie die Poppadam-Stücke hinzu. 5-7 Minuten köcheln lassen. Mit den Korianderblättern garnieren. Heiß servieren.

www.ingramcontent.com/pod-product-compliance
Lightning Source LLC
Chambersburg PA
CBHW071820080526
44589CB00012B/864